Die verspielte Gesellschaft

TELEPOLIS

magazin der netzkultur

→ www.telepolis.de

Das Online-Magazin TELEPOLIS wurde 1996 gegründet und begleitet seither die Entwicklung der Netzkultur in allen Facetten: Politik und Gesetzgebung, Zensur und Informationsfreiheit, Schutz der Privatsphäre, wissenschaftliche Innovationen, Entwicklungen digitaler Kultur in Musik, Film, bildender Kunst und Literatur sind die Kernthemen des Online-Magazins, welche ihm eine treue Leserschaft verschafft haben. Doch TELEPOLIS hat auch immer schon über den Rand des Bildschirms hinausgesehen: Die Kreuzungspunkte zwischen realer und virtueller Welt, die »Globalisierung« und die Entwicklung der urbanen Kultur, Weltraum und Biotechnologie bilden einige der weiteren Themenfelder.

Als reines Online-Magazin ohne Druckausgabe nimmt TELEPOLIS damit eine einzigartige Stellung im deutschsprachigen Raum ein und bildet durch seine englischsprachige Ausgabe und seinen internationalen Autorenkreis eine wichtige Vermittlungsposition über sprachliche, geografische und kulturelle Grenzen hinweg. Verantwortlich für das Online-Magazin und Herausgeber der TELEPOLIS-Buchreihe ist Florian Rötzer.

Die TELEPOLIS-Bücher basieren auf dem Themenkreis des Online-Magazins. Die Reihe schaut wie das Online-Magazin über den Tellerrand eingefahrener Abgrenzungen hinaus und erörtert Phänomene der digitalen Kultur und der Wissensgesellschaft.

Eine Auswahl der bisher erschienenen TELEPOLIS-Bücher:

Craig Morris
Zukunftsenergien
Die Wende zum nachhaltigen
Energiesystem
2005, 180 Seiten, 16 €

Alfred Krüger
Angriffe aus dem Netz
Die neue Szene des digitalen Verbrechens
2006, 220 Seiten, 19 €

Peter Bürger
Bildermaschine für den Krieg
Das Kino und die Militarisierung der
Weltgesellschaft
2007, 224 Seiten, 18 €

Andreas Lober
Virtuelle Welten werden real
Second Life, World of Warcraft & Co:
Faszination, Gefahren, Business
2007, 174 Seiten, 16 €

Stephan Schleim
Gedankenlesen
Pionierarbeit der Hirnforschung
2008, 184 Seiten, 18 €

Rainer Sommer
Die Subprime-Krise und ihre Folgen
Von faulen US-Krediten bis zur Kernschmelze
des internationalen Finanzsystems
2009, 232 Seiten, 19 €

Stefan Weber
Das Google-Copy-Paste-Syndrom
Wie Netzplagiate Ausbildung und
Wissen gefährden
2., aktualisierte Auflage
2009, 196 Seiten, 16 €

Klaus Schmeh
Versteckte Botschaften
Die faszinierende Geschichte der
Steganografie
2009, 246 Seiten, 18 €

Matthias Brake
Mobilität im regenerativen Zeitalter
Was bewegt uns nach dem Öl?
2009, 154 Seiten, 16 €

Stefan Selke, Ullrich Dittler (Hrsg.)
Postmediale Wirklichkeiten
Wie Zukunftsmedien die Gesellschaft
verändern
2009, 256 Seiten, 19 €

Matthias Becker
Datenschatten
Auf dem Weg in die Überwachungs-
gesellschaft?
2010, 182 Seiten, 16,90 €

Lothar Lochmaier
Die Bank sind wir
Chancen und Perspektiven von
Social Banking
2010, 160 Seiten, 15,90 €

Harald Zaun
**S E T I – Die wissenschaftliche Suche
nach außerirdischen Zivilisationen**
Chancen, Perspektiven, Risiken
2010, 320 Seiten, 19,90 €

Stefan Selke, Ullrich Dittler (Hrsg.)
**Postmediale Wirklichkeiten aus
interdisziplinärer Perspektive**
Weitere Beiträge zur Zukunft der Medien
2010, 256 Seiten, 19,90 €

Stephan Schleim
Die Neurogesellschaft
Wie die Hirnforschung Recht und Moral
herausfordert
2011, 218 Seiten, 18,90 €

Astrid Auer-Reinsdorff, Joachim Jakobs,
Niels Lepperhoff
Vom Datum zum Dossier
Wie der Mensch mit seinen schutzlosen
Daten in der Informationsgesellschaft
ferngesteuert werden kann
2011, 182 Seiten, 16,90 €

Marcus B. Klöckner
9/11 – Der Kampf um die Wahrheit
2011, 218 Seiten, 16,90 €

Hans-Arthur Marsiske
**Kriegsmaschinen – Roboter im
Militäreinsatz**
2012, 252 Seiten, 18,90 €

Weitere Informationen zu den TELEPOLIS-Büchern und Bestellung unter:
→ www.dpunkt.de/telepolis

Nora S. Stampfl

studierte Wirtschaftswissenschaften an der Johannes Kepler Universität Linz in Österreich und erlangte einen Master of Business Administration (MBA) an der Goizueta Business School der Emory University in Atlanta, Georgia, USA. Nach beruflichen Stationen in den USA lebt sie seit 1999 in Berlin und ist als Unternehmensberaterin und Zukunftsforscherin tätig. Ihren Arbeitsschwerpunkten strategische Unternehmensführung, gesellschaftlicher Wandel und Zukunftsfragen widmet sie sich auch als Autorin.

www.f-21.de

nora.stampfl@f-21.de

Nora S. Stampfl

Die verspielte Gesellschaft

Gamification oder Leben im Zeitalter des Computerspiels

 Heise

Reihenherausgeber: Florian Rötzer, München, fr@heise.de

Lektorat: Dr. Michael Barabas
Copy-Editing: Susanne Rudi, Heidelberg
Herstellung: Birgit Bäuerlein
Umschlaggestaltung: Hannes Fuß, www.exclam.de
Druck und Bindung: M.P. Media-Print Informationstechnologie GmbH, 33100 Paderborn

Bibliografische Information der Deutschen Nationalbibliothek
Die Deutsche Nationalbibliothek verzeichnet diese Publikation in der Deutschen National-
bibliografie; detaillierte bibliografische Daten sind im Internet über http://dnb.d-nb.de abrufbar.

ISBN 978-3-936931-77-8

1. Auflage 2012
Copyright © 2012 Heise Zeitschriften Verlag GmbH & Co KG, Hannover

5 4 3 2 1 0

Inhaltsverzeichnis

1 Wann ist ein Spiel ein Spiel?

Es ist das Spiel und nur das Spiel, das den Menschen vollständig macht.

Johann Christoph Friedrich von Schiller, deutscher Dichter, 1759–1805

Schach, Dame und Backgammon; Mikado und Domino; die Olympischen Spiele, die Fußballweltmeisterschaft und Stierkämpfe; *Pong*, *Tetris*, *Pacman* und *World of Warcraft*. So vielfältig die Welt der Spiele ist, so wandlungsfähig ist sie auch. Immer wieder entsteht Neues, angepasst an den Lauf der Zeit. Kaum jemand, der nicht Teil dieser sich ständig neu erfindenden Welt ist. Wir alle spielen – und dennoch: Wer kann schon sagen, was genau ein Spiel ist?

Ernstgemeinte Versuche, das Phänomen des Spiels (be)greifbarer zu machen, gibt es überraschend wenige. Spiele sind keiner wissenschaftlichen Disziplin eindeutig zuzuordnen, und schon gar nicht gibt es eine allgemeingültige Definition. Psychologen sehen im Spiel vor allem eine Erscheinung der kindlichen Entwicklung, für Erwachsene ist das Spiel ins Reich des Privaten verbannt und tritt dann etwa als Hobby – in starrer, gesellschaftlich anerkannter Form innerhalb eng definierter Grenzen – auf den Plan. Anthropologen betrachten das Spiel im Kontext verschiedener Kulturen und fragen nach dessen Bedeutung für die kulturelle Entwicklung. Sogar die Mathematik befasst sich mit Spielen, denn als solche können die spezifischen Strategien und Dilemmata in Entscheidungssituationen aufgefasst werden, die die Spieltheorie zu beschreiben versucht. Erst gegen Ende der 1990er-Jahre bildete sich in Folge der Etablierung digitaler Spiele mit der Ludologie ein transdisziplinärer Forschungszweig heraus, dessen Betrachtungsschwerpunkt auf der Geschichte, Analyse und Theorie digitaler Spiele liegt. Jedoch auch von dieser Seite ist – zumindest bislang – keine wesentliche Erhellung zu erwarten: Die Ludologie ist ein noch junges Pflänzchen und deren Vertreter sind sich über die klare Abgrenzung des Begriffs ihres Forschungsgegenstands noch alles andere als einig.

Gemeinhin wird Spielen zum einen als Quelle menschlicher Kreativität gesehen, als Kulturtechnik, die unser Leben lang unsere Phantasie und Einbildungskraft nährt; zum anderen wird Spiel aber auch als etwas zu Überkommendes gesehen, als bloße Vorstufe zur Entwicklung des Verstands und des Selbst, als Trainingslager für höher bewertete, als wesentlich angesehene Leistungen und etwas, das es im Laufe unseres Heranwachsens über Bord zu werfen gilt. Spielen ist also nicht ohne Ambivalenz: Während es für die einen nützlicher Bestandteil des Lebens ist, gilt es anderen hingegen als pure Zeitverschwendung. Diese Gespaltenheit mag daher stammen, dass Spiel zumeist in Relation zur Arbeit bewertet wird: Spiel ist nicht Arbeit, so viel steht fest. Und diese Sichtweise ist historisch bedingt, denn erst in einer größeren, arbeitsteilig organisierten Gesellschaft, in der der Mensch nicht tagein, tagaus mit der Sicherung seiner Existenz und Stillung grundlegender menschlicher Bedürfnisse befasst ist, wird Spiel möglich. Erst mit der Möglichkeit, Waren zu tauschen und sich auf bestimmte Arbeiten zu konzentrieren, ergaben sich Freiräume von der Arbeit, die mit nicht zweckgebundenen Tätigkeiten wie etwa dem Spiel ausgefüllt werden konnten. Spiel war und ist somit durch die Abgrenzung zur Arbeit charakterisiert. Arbeit dient einem bestimmten Zweck, Spiel hingegen wird um seiner selbst willen unternommen.

Das Spiel erlaubt Abstecher von der Wirklichkeit, es öffnet die Augen für Visionen und ist dadurch Nährboden für Umgestaltungen. Es hat die Kraft, verfestigte Strukturen aufzubrechen und ist damit Treiber für Innovationen, weil es Spielern Kreativität entlockt durch die Möglichkeit zum Rollen- und Perspektivenwechsel – es nötigt geradezu, sich andere Blickwinkel und Sichtweisen anzueignen. Dogmen und Ideologien haben in Spielen keine Gültigkeit. So ist das Spiel immer auch gesellschaftliches Laboratorium gewesen, in dem ein gefahrloses Ausprobieren verschiedenster Alternativen möglich ist, ohne Konsequenzen, ohne den Ernst des Lebens fürchten zu müssen.

Schon Friedrich Schiller hat in seinen Briefen *Über die ästhetische Erziehung des Menschen* aus dem Jahr 1795 die große Bedeutung des Spielens für den Menschen hervorgehoben, weil einzig das Spiel jene menschliche Leistung sei, die die Ganzheitlichkeit der menschlichen Fähigkeiten hervorbringen könne. Als einer der Ersten hat der deutsche Dichter die arbeitsteilige Gesellschaft untersucht und in seinem 6. Brief die damit verbundene Spezialisierung für eine »Zerstückelung« sowohl der Individuen als auch der Gesellschaft als Ganzes verantwortlich gemacht:

Ewig nur an ein einzelnes kleines Bruchstück des Ganzen gefesselt, bildet sich der Mensch selbst nur als Bruchstück aus; ewig nur das eintönige Geräusch des Rades, das er umtreibt, im Ohr, entwickelt er nie die Harmonie seines Wesens, und anstatt die Menschheit in seiner Natur auszuprägen, wird er bloß zu einem Abdruck seines Geschäfts, seiner Wissenschaft.

Für Schiller tut sich als Gegenpol zur Welt der Arbeit mit ihren Pflichten, Notwendig- und Ernsthaftigkeiten eine andere Welt auf: In einer eigenen Welt des zwanglosen Spiels kann der Mensch Erfahrungen machen, die ihn von den Zwängen der Arbeitswelt entlasten und die »Bruchstücke« der menschlichen Existenz zu einem stimmigen Ganzen zusammenfügen. So kommt Schiller in seinem 15. Brief zum Schluss, dass das Spiel den Menschen befreit und ihn zu seinem wahren und ganzen Wesen formt:

Denn, um es endlich auf einmal herauszusagen, der Mensch spielt nur, wo er in voller Bedeutung des Worts Mensch ist, und er ist nur da ganz Mensch, wo er spielt.

Für den niederländischen Kulturhistoriker Johan Huizinga sind sämtliche menschliche Handlungsfelder auf das Spiel gegründet: Der *homo ludens* (»spielender Mensch«) stellt für ihn eine unabdingbare Voraussetzung für Entstehung und Erhalt von Kultur dar. Seine Hauptthese, Kultur entstehe in Form von Spiel, ist darauf zurückzuführen, dass Philosophie, Kunst, Wissenschaft, Politik, Religion, ja alle Kultur sich in rituellen Formen vollziehen, in denen Spielelemente enthalten sind, die sich im Laufe der Zeit zu kulturellen Elementen verfestigt haben. Kultur ist demnach Resultat spielerischer Verhaltensweisen einer Gemeinschaft, deren Gewohnheiten sich »eingespielt« und zu Normen entwickelt haben. Die ursprünglich im Spiel ersonnenen Regeln haben sich ritualisiert, aus dem Spiel wurde Ernst und die eingeschliffenen Regeln haben Zwangscharakter angenommen. (Vgl. Huizinga 1956)

Es gibt offensichtlich keinen Mangel an Funktionen und Zwecken, welche Spielen zugeschrieben werden. Spiele sind also Freiräume für menschliche Betätigung, um den allgegenwärtigen Zwängen zu entkommen? Eine Gegenwelt zur Arbeit? Vehikel, um die Ganzheitlichkeit der menschlichen Fähigkeiten an die Oberfläche zu bringen? Katalysatoren für die Herausbildung von Kultur? Aber was macht ein Spiel zu einem Spiel? Was kann als der kleinste gemeinsame Nenner gelten, der erfüllt sein muss, damit wir vom Vorliegen eines Spiels sprechen können?

Suche nach einer Definition

Wann ist ein Spiel ein Spiel? Johan Huizinga war es auch, der wohl als Erster eine Antwort auf diese Frage wusste; von ihm stammt die wahrscheinlich am häufigsten bemühte Begriffsbestimmung:

> Spiel ist eine freiwillige Handlung oder Beschäftigung, die innerhalb gewisser festgelegter Grenzen von Zeit und Raum nach freiwillig angenommenen, aber unbedingt bindenden Regeln verrichtet wird, ihr Ziel in sich selber hat und begleitet wird von einem Gefühl der Spannung und Freude und einem Bewußtsein des »Andersseins« als das »gewöhnliche Leben«. (Huizinga 1956: 37)

Spiel ist also immer freiwilliges Handeln; wird es befohlen, ist es kein Spiel mehr. Zudem ist Spiel durch das Heraustreten aus dem »gewöhnlichen« oder »eigentlichen« Leben gekennzeichnet: Der Spieler weiß, dass er »bloß so tut«. Trotzdem schließt das Bewusstsein, nur zu spielen, nicht aus, dass das Spiel mit größtem Ernst vor sich gehen kann. »Jedes Spiel kann jederzeit den Spielenden ganz in Beschlag nehmen.« (Huizinga 1956: 22) Das Spiel findet innerhalb bestimmter Grenzen von Zeit und Raum statt. Es hat einen Anfang und ein Ende und läuft in einem abgesteckten Spielraum ab: In der Arena, auf dem Spieltisch, auf der Bühne gelten für gewisse Zeit besondere Regeln. Es entstehen »zeitweilige Welten innerhalb der gewöhnlichen Welt, die zur Ausführung einer in sich abgeschlossenen Handlung dienen« (Huizinga 1956: 18 f.). Die jedem Spiel eigenen Spielregeln bestimmen, was innerhalb der durch das Spiel geschaffenen zeitweiligen Welt gelten soll.

Worüber Huizinga in seiner Definition nichts sagt, ja nicht einmal eine Andeutung macht, ist die Art der Handlung oder Beschäftigung, die Gegenstand des Spiels ist. Daher sei den Gedanken Huizingas eine Begriffsbestimmung des kanadischen Philosophen Bernard Suits angefügt: »Playing a game is the voluntary attempt to overcome unnecessary obstacles.« (Suits 1978: 41) Es geht bei Spielen also darum, unnötige Hindernisse zu überwinden, und zwar freiwillig. Betrachtet man etwa das Fußballspiel, so wird schnell klar: Es gibt einfachere und effizientere Wege, das definierte Ziel zu erreichen, nämlich den Ball in das gegnerische Tor zu befördern, und zwar öfter, als dies der Gegenmannschaft gelingt. Aber würde ohne die spezifischen Regeln und Erschwernisse (Verbot von Hand- und Foulspiel, Abseitsregel, Spielfeldbegrenzungen, Torwart bewacht das Tor) die spielerische Aktivität überhaupt zustande kommen? Erst die »unnötigen Hindernisse« sorgen dafür, dass die Spieler die notwendige Haltung aufbringen, um sich auf das Spiel einzulassen. Suits konkretisiert seine Kurzformel und macht vier Wesenselemente von Spielen aus: Ein Spiel ist immer der Versuch, (1) einen bestimmten Zustand herzustellen (Ziel), und zwar (2) durch den Einsatz bestimmter durch Regeln festgelegter Mittel (Hilfsmittel), wobei (3) diese Regeln den effizientesten Weg, das Ziel zu erreichen, verhindern (Spielregeln) und (4) schlicht aus dem Grund akzeptiert und befolgt werden, weil sie die Spielaktivitäten möglich machen (Haltung). (Vgl. Suits 1978: 41)

Der französische Soziologe und Philosoph Roger Caillois wiederum nähert sich dem Thema aus soziologischer Perspektive an, da er viele Gesellschaftsstrukturen als ausgeklügelte Formen des Spiels und viele Verhaltensweisen als Spielarten betrachtet. In seiner Begriffsfindung baut er auf den Theorien von Johan Huizinga auf, betont ebenso wie dieser die Freiwilligkeit von Spielen, welche in eigens dafür bestimmten Räumen stattfinden und daher vom eigentlichen Leben abgetrennt sind. Dort aber, wo Huizinga die mannigfaltigen Arten des Spiels vernachlässigt und die verschiedenen Funktionen, denen Spielaktivitäten in unterschiedlichen kulturellen Kontexten dienen, ignoriert, geht Caillois über Huizingas Konzept hinaus. Anstatt eine Definition zu geben, beschreibt Caillois Spiele anhand von sechs Merkmalen: sie sind freiwillig; abgetrennt von der Lebensroutine und nehmen eigene Zeit und eigenen Raum in Anspruch; sie sind ungewiss, weil weder Verlauf noch Ergebnis von Beginn an feststehen; sie sind unproduktiv, da in ihrem Verlauf keine materiellen Güter geschaffen werden; ihr Ablauf ist durch Spielregeln festgelegt, die die üblichen Gesetze und Verhaltensnormen außer Kraft setzen und für alle Spieler bindend sind; sie finden in einer fiktiven Wirklichkeit statt.

Da die genannten Eigenschaften keine Rückschlüsse auf den Inhalt der Spiele zulassen, stellt Caillois die Verschiedenheiten einzelner Spielformen heraus und unterscheidet zwischen »Agon« (Wettkampf), »Alea« (Zufall, Glück), »Mimikry« (Maskierung) und »Ilinx« (Rausch). Im Zentrum von *Agon* steht das Verlangen von Menschen, ihr Können unter Beweis zu stellen und zu siegen. Im Spiel messen die Spieler ihr Können unter für alle gleichen Ausgangsbedingungen. Ein Sieg hängt daher einzig und allein vom eigenen Können ab. Beispiele für diese Spielkategorie sind etwa Schach, Billard oder Fußball. Als Sieger vom Platz zu gehen ist auch Triebfeder von *Alea*. Hierbei allerdings entscheidet nicht das Können, sondern einzig der Zufall über Sieg und Niederlage. Die Spieler geben sich, zum Beispiel beim Lotto, Roulette oder auch bei vielen Spielautomaten, ihrem Schicksal hin und entscheiden nicht willentlich über das Spiel. Bei der *Mimikry* lebt das Spiel von der Verwandlung, weil Menschen gerne etwas spielen, was sie in Wirklichkeit nicht sind, in Rollen schlüpfen, Persönlichkeiten darstellen oder illusionäre Figuren verkörpern. Auch passiv kann der Mensch an einer Verwandlung teilnehmen, etwa im Theater, wenn man sich mit dem handelnden Akteur identifiziert. Kindliche Nachahmungs- und Puppenspiele zählt Caillois ebenfalls zu dieser Kategorie. In die Sparte *Ilinx* fallen alle Spiele, welche auf dem Begehren nach rauschartigen Zuständen basieren. Dabei setzen sich Spieler freiwillig einer »angenehmen« Panik aus, stören ihre Wahrnehmung oder versetzen sich in einen tranceartigen Betäubungszustand, indem sie sich etwa großen Geschwindigkeiten, Stürzen oder kreisförmigen Bewegungen hingeben. Caillois nennt als Beispiele Walzer tanzen, Skifahren, Jahrmarktsattraktionen.

Neben dieser Einteilung nach Spielprinzipien schlägt Caillois eine Einordnung von Spielen auf einem Kontinuum zwischen den beiden Polen »Paidia« (unstrukturiertes und spontanes Spiel) und »Ludus« (strukturiertes Spiel mit expliziten Regeln) vor. Auf der einen Seite herrscht freie Improvisation. *Paidia* kommt ohne abgesprochene Regeln aus, wie dies typisch für viele Kinderspiele ist. *Paidia* ist gekennzeichnet durch unkontrollierte Phantasie und eine anarchistische Natur. Demgegenüber steht *Ludus*, bei dem durch Konventionen ein verlässlicher Rahmen hergestellt wird. Diese Spiele können nur durch die exakte Vorgabe und Kenntnis der Spielregeln gespielt werden. (Vgl. Caillois 1960)

Spiele im Informationszeitalter

Schiller, Suits, Huizinga, Caillois – keiner von ihnen hatte beim Philosophieren über das Spiel freilich Computerspiele[1] im Sinn. Die Ausdifferenzierung der Welt der Spiele und ihre Anpassung an eine veränderte Gesellschaft haben es jedoch mit sich gebracht, dass Computerspiele in unserer digitalisierten, vernetzten Welt etabliert sind. Sie sind heute derart weit verbreitet, dass niemand mehr über Spiele nachdenken würde, ohne nicht – vielleicht sogar zuvorderst – an Computerspiele zu denken. Und sind nicht die unzähligen mit Computerspielen verbrachten Stunden der beste Beweis dafür, dass diese »den Spielenden ganz in Beschlag nehmen«, wie Huizinga meinte? Was könnte heute ein besseres Sinnbild für das Mitnehmen in »zeitweilige Welten« sein, die abseits des gewöhnlichen Lebens liegen, als Computerspiele? In ihnen tun sich heute virtuelle Welten auf, die parallel zur »echten« Welt exis-

---

1)   Der Begriff »Computerspiel« wird im Folgenden für alle Arten von digitalen Spielen, unabhängig von ihrer Plattform (Computer, Spielkonsolen, Mobiltelefone etc.) verwendet.

tieren, aber ein völlig eigenständiges Leben mit den jedem Spiel eigenen Handlungsformen aufweisen. Dabei können auch Computerspiele auf einem breiten Kontinuum zwischen *Paidia* und *Ludus* verortet werden. Während insbesondere die Anfänge des Computerspiels mit Spielen wie *Tetris* oder *Pacman* in der regelgebundenen Welt des *Ludus* angesiedelt waren, findet man heute auch einen großen Anteil von Spielen, die Elemente des freien Spiels stärker betonen und *Paidia* zugeordnet werden können. So steht etwa in virtuellen Welten wie zum Beispiel *Second Life* oder *SimCity* das Improvisieren im Vordergrund. Dabei besteht bei Computerspielen und virtuellen Welten die Besonderheit, dass die Möglichkeit, *Paidia*-Aktivitäten auszuführen, zu einem großen Teil durch die Spielumgebung vorgegeben ist. Wenn *Paidia* dadurch definiert ist, ohne Regeln und Vorgaben auszukommen, so sind bei digitalen Spielen doch in jedem Fall, das heißt, auch wenn freies Spiel gewollt ist, gewisse Vorkehrungen notwendig, die freies Spiel und Improvisation zulassen. Das bedeutet für die Gestaltung solcher Spiele, dass die wahrscheinlichsten Formen der Selbstdarstellung und Interaktionen der Spieler vorausschauend erkannt werden müssen, um die Voraussetzung für deren Ausführung dann in der Spielwelt zu implementieren. Computerspiele, die vermeintlich vollkommen in die Welt von *Paidia* fallen, vermitteln daher immer nur eine Illusion von Wahlfreiheit und grenzenloser Umsetzung von Phantasien, weil der Spieler durch das spezifische Spieldesign auf vorgezeichnete Pfade geschickt wird. So ist der Spieler etwa bei *SimCity*, dessen Inhalt die Simulation einer Stadt und deren Entwicklung ausgehend von einer unbebauten Landschaft ist, an die zur Auswahl stehenden Gebäude oder Arten von Infrastruktur gebunden, die er in seiner Stadt einsetzen möchte. Auch auf die jeweiligen Kriterien, unter welchen die Stadt entweder floriert oder eine weniger gute Entwicklung nimmt, hat er keinen Einfluss. Auch wenn es anfänglich so scheint – *Paidia* in Reinform bieten solche Computerspiele und virtuellen Welten nicht, vielmehr hat man es hierbei mit *Paidia* innerhalb von *Ludus* zu tun. (Vgl. McGregor 2008)

Überhaupt eröffnet die digitale Technologie für die Entwicklung von Spielen viele neue Wege. Da es im Folgenden vorrangig um Computerspiele geht, wenn von Spielen die Rede ist, lohnt sich ein näherer Blick auf die Eigenheiten von digitalen Spielen. Welche besonderen Qualitäten zeichnen Spiele in digitalen Medien aus, die sie in anderen Medien nicht oder nicht so ausgeprägt haben? So ist etwa die Eigenschaft von digitaler Technologie, unmittelbar und interaktiv Feedback zu geben, für Spiele äußerst bedeutend. Es gehört zu den wesentlichen Spielvoraussetzungen vieler Computerspiele, dass das Spiel direkt auf Eingaben des Spielers antwortet. Im Unterschied zu vielen anderen Medien findet in der digitalen Sphäre daher Spiel in Echtzeit statt, das dynamisch auf Handlungen und Entscheidungen des Spielers reagiert. Zudem machen sich digitale Spiele die Kraft von Computern, riesige Datenmengen zu verarbeiten, zunutze. Kaum eine private Anwendung strapaziert die Datenverarbeitungskapazitäten sowie Grafik- und Audioqualitäten von Computern heute mehr als Computerspiele; der Wettlauf um die Aufrüstung von PCs wird stark durch die Entwicklung immer ausgefeilterer Spiele vorangetrieben. Spiele manipulieren die gespeicherten Datenmengen nun in ganz bestimmter Weise: So ist es beispielsweise Merkmal vieler Computerspiele, dass sie Informationen nur häppchenweise preisgeben, wenn etwa zusätzliche Figuren in das Spiel eintreten oder sich die räumlichen Gegebenheiten nur nach und nach dem Spieler erschließen. Auch laufen digitale Spiele automatisiert ab. In nicht digitalen Spielen liegt es immer an den Spielern, das Spiel voranschreiten zu lassen, indem sie den Regeln folgend Spielzüge bestimmen und Aktionen je nach Eintritt bestimmter Bedingungen ausführen. Der Komplexität der Regeln sind hierbei naturgemäß Grenzen gesetzt. Übernimmt der Computer hingegen die Berechnung der den Spielverlauf bestimmenden Prozeduren, so sind um vieles komplexere Regeln möglich. Auf der anderen Seite raubt diese Automatisierung des Spielgeschehens dem Spieler auch ein gutes Stück an Spielerfahrung, weil er ja nicht in jedem Fall weiß, wie gewisse Spielverläufe zustande kommen und diese dementsprechend nicht selbst manipulieren kann. Der Spieler steht – anders als beim »handgestrickten« Spiel – einer »Black Box« gegenüber. Schließlich ist die vernetzte Kommunikation über digitale Medien wie E-Mail, Chat, Video- und Audiokommunikation in Echtzeit Teil vieler Computerspiele. Während natürlich die meisten Spiele, gleichgültig ob digital oder nicht, Kommunikation beinhalten, ja ohne Kommunikation zumeist nicht denkbar sind, so ist doch die Vernetzung Tausender – und in einigen Fällen wie etwa bei *World of Warcraft* Millionen – von Spielern über große Distanzen hinweg ein Spezifikum von Online-Computerspielen. In solchen Spielen kommen unzählige Menschen, die über den ganzen Erdball verstreut sind, zusammen, um sich an einer gemeinsamen Sache zu beteiligen. (Vgl. Salen/Zimmerman 2004: 87 ff.)

Besonders das letztgenannte Merkmal von Computerspielen, die Fähigkeit, eine Vielzahl von Menschen zu beteiligen, gehört heute zu den wesentlichen Erfolgsfaktoren digitaler Spiele. Mit der Verbreitung des Internets hat sich auch das Spielen im Mehrspielermodus durchgesetzt. In grafisch ausgereiften, Kinofilmen ähnlichen Welten kommen heute Unmengen von Personen auf der ganzen Welt zusammen, um Städte zu bauen, Monster zu bekämpfen, Schlachten zu schlagen, Volkswirtschaften zu simulieren, Abenteuer zu bestehen, zu lernen, Strategien zu entwickeln und in andere Rollen zu schlüpfen. Vergleicht man die heutigen Computerspiele mit ihren virtuellen (Parallel-)Welten mit den Anfängen des Computerspiels, so könnte der Weg kaum weiter sein. Eines der ersten Computerspiele, das Tischtennis-ähnliche *Pong (1972)*, kam noch mit der einfachsten denkbaren Grafik aus: Zwei Striche und ein Punkt waren alles, was das Spiel benötigte.

2 Gamification: Spiele schleichen sich in unser Leben

Etwas Gescheiteres kann einer doch nicht treiben in dieser schönen Welt als spielen. Mir kommt das ganze Leben vor wie ein Spiel.

Henrik Ibsen, norwegischer Schriftsteller, 1828–1906

Willkommen im Leben als Spiel! Wer sich heute noch mit To-Do-Listen herumschlägt und am Ende doch nichts erledigt bekommt, ist selber schuld – heute ist der Abwasch, die Autowäsche, der Einkauf ein Abenteuer, auf das man sich nach Manier von Videospielen begibt: Smartphone Apps verwandeln etwa die Suche nach einem Geburtstagsgeschenk für die Schwiegermama in eine aufregende Schatzsuche in einem Fantasieland. Als gewitzter Zwerg oder schwerbewaffneter Krieger meistern wir diese Herausforderung und sammeln am Ende Gold und sonstige Belohnungen für das Erledigen der einzelnen Positionen auf unserer To-Do-Liste. Was früher eine Qual war, ist heute der reinste Spaß? Der gesamte Alltag ein Videospiel? *EpicWin* nennt sich die Anwendung, mit der noch die langweiligste Aufgabe des Alltags in ein aufregendes Abenteuer verwandelt wird: Wie in jedem Videospiel erschafft man sich dabei als Erstes einen nach eigenem Geschmack und Belieben aussehenden Avatar und legt sodann die Liste der »Quests« an – Babyfüttern, Wäschewaschen und die ganze restliche Hausarbeit werden solcherart in einen abenteuerlichen Kampf gegen den Alltag umfunktioniert und schon geht alles leichter von der Hand. Prokrastination und »Aufschieberitis« finden endlich ein Ende, denn es wollen schließlich Punkte gesammelt und ein Spitzenplatz auf der Rangliste eingenommen werden.

Abb. 1   *Epic Win* (Quelle: http://www.rexbox.co.uk/epicwin/media.html. Zugriff: 05.03.2012)

Der Alltag wird zum Kinderspiel: »Spieler« definieren für ihre zu erledigenden Aufgaben eine To-Do-Liste und versehen die einzelnen Pflichten mit Terminen (oben links); jeder Spieler wählt einen Avatar, der ihn in der Welt von *EpicWin* darstellt (oben Mitte); mit erfolgreicher Ausführung der Alltagsaufgaben verbessert sich das Profil des Avatars und er erklimmt höhere Levels (oben rechts); dafür gibt es natürlich auch Belohnungen, die mit Freunden getauscht werden können (unten links); auf einer Spielkarte ist exakt ersichtlich, welche Aufgaben bereits ausgeführt wurden und wann mit der nächsten Belohnung zu rechnen ist (unten Mitte); eine Übersicht der Kollektion von Belohnungsstücken zeigt, wo noch Lücken sind, die es zu füllen gilt, und die Übersicht lässt sich via *Facebook* und *Twitter* teilen (unten rechts).

Spiele schleichen sich mehr und mehr in unser Leben ein. Gehen wir einkaufen, so erhalten wir Treuepunkte, verreisen wir, sammeln wir Flugmeilen. Jeder kennt solche Strategien verschiedenster Unternehmen, Interaktionen unterhaltsam und kompetitiv zu gestalten mit der Intention, uns zum Wiederkommen zu bewegen. Auch wenn man bislang solche Maßnahmen niemals als Spiel aufgefasst hat, so weisen diese Kundenbindungswerkzeuge doch diverse Mechanismen auf, die der Spielwelt entliehen sind: das Sammeln von Punkten (oder Ähnlichem), das Erklimmen von höher gelegenen Levels, der Erwerb von Status – all dies sind kaum zu übersehende Parallelen zwischen Loyalitätsprogrammen und Spielen. Das Sammeln von Punkten für die Ausführung bestimmter Aufgaben, das Emporklettern auf Ranglisten, das Jagen nach Schätzen und sonstigen fantastischen Elementen, wie wir es sonst nur aus Videospielen kennen, ist nicht länger der virtuellen Welt vorbehalten. Solche Erscheinungen lösen sich vom Bildschirm und finden immer öfter ihren Weg in die reale Welt – dank Smartphones, Digitalkameras, Sensoren und dem zunehmend allgegenwärtigen Internet. Zudem wird unsere Umwelt bald an allen Ecken und Enden mit Technologie ausgestattet sein. Wir treten in ein Zeitalter der Wegwerf-Elektronik ein: Recheneinheiten, Sensoren und Kameras werden in nicht allzu ferner Zeit so billig sein, dass die gewöhnlichsten Alltagsgegenstände mit Elektronik ausgestattet sein werden – von der Kaffeetasse über Lebensmittelverpackungen bis hin zur Zahnbürste. All diese Dinge werden durch das Internet miteinander verbunden sein und schon haben wir eine Welt, in der alles, was wir tun, gemessen und verfolgt werden kann. Immer mehr fallen dadurch auch die Grenzen zwischen physischer und virtueller Welt, weswegen es nicht verwundert, dass auch Computerspiele immer weiter ins reale Leben vordringen.

Diese Allgegenwart billiger elektronischer Massenware führt auch dazu, dass wir es zunehmend mit Spielen ganz anderer Qualität zu tun haben werden, weil sie sich auf Technologien stützen, die die Fährten unseres Verhaltens lesen, aufzeichnen und messen können wie nie zuvor. Große Bedeutung hat in diesem Zusammenhang etwa, dass bald kaum noch ein Mobiltelefon existieren wird, das nicht mit GPS ausgestattet ist. Damit ist sichergestellt, dass der Aufenthaltsort von Menschen nachvollziehbar wird, was auch schon zur Grundlage erster Spiele wurde. Beim lokationsbasierten Internetdienst *Foursquare* gilt es, möglichst oft an bestimmten Orten »einzuchecken« – dafür gibt es Punkte. Wer am meisten Punkte gesammelt hat, wird Mayor von Café, U-Bahnstation oder Supermarkt und erhält eine Krone. Besonders fleißige »Einchecker« werden mit »Badges« ausgezeichnet, außerdem zeigt eine Rangliste die Platzierungen. Nach Eigenauskunft von *Foursquare* jagen im April 2011 mehr als 8 Millionen Menschen weltweit den begehrten Mayorkronen hinterher, jeden Tag kommen 35.000 neue Nutzer hinzu. Insgesamt bringen es die Nutzer jeden Tag auf über 2,5 Millionen Check-ins. Und die teilnehmenden Partner von *Foursquare* erhöhen ihren Umsatz, indem ihnen Kunden gleichsam zugeführt werden.

Noch weiter treiben es die Londoner Verkehrsbetriebe mit *Chromaroma*, indem sie das gesamte öffentliche Verkehrsnetz in ein Spielbrett verwandeln. Ein großer Teil der Fahrten im öffentlichen Verkehrsnetz Londons wird mit der so genannten *Oyster Card* bezahlt. Im Mittelpunkt des 2003 eingeführten elektronischen Ticketsystems steht eine kontaktlose Smartcard, die jeweils bei Betreten und Verlassen des Verkehrssystems von einem Kartenleser ausgelesen wird. Die *Oyster Card* soll die Anzahl von Transaktionen an Ticketschaltern und -automaten reduzieren sowie Papiertickets so weit wie möglich ersetzen, gleichzeitig wird durch die weit verbreitete Verwendung der Karte natürlich ein gigantischer Datenschatten geschaffen, der genauestens Auskunft über die Bewegungen der Londoner Bevölkerung innerhalb des öffentlichen Verkehrsnetzes gibt. Und eben darauf baut die Idee von *Chromaroma* auf, mit der die Verkehrsbetriebe Londons das tägliche Pendeln in U-Bahn, Bus & Co. zu einer angenehmeren Erfahrung machen möchte. Es sind verschiedene Missionen zu erfüllen, Rätsel zu lösen und Badges und Punkte an bestimmten Stationen »abzuholen«. Einmal erhält man Punkte, wenn man die schnellste Verbindung zwischen zwei Stationen schafft, dann wieder hat man die Nase vorn, wenn man in der Rushhour eine Station früher aussteigt und zu Fuß läuft oder das Fahrrad nimmt. Gespielt wird entweder allein oder in Teams. Und *Chromaroma* hat große Ambitionen: Zum einen können sich die Entwickler des Spiels vorstellen, das Ganze global auszurollen und internationale Städte gegeneinander antreten zu lassen – London gegen Paris, Tokio gegen Moskau. Und zum anderen wird darüber nachgedacht, verschiedene Benutzeroberflächen anzubieten, bei denen sich die Spieler etwa im London des Viktorianischen Zeitalters oder in einem futuristischen London mit Unterwasserwelten wiederfinden.

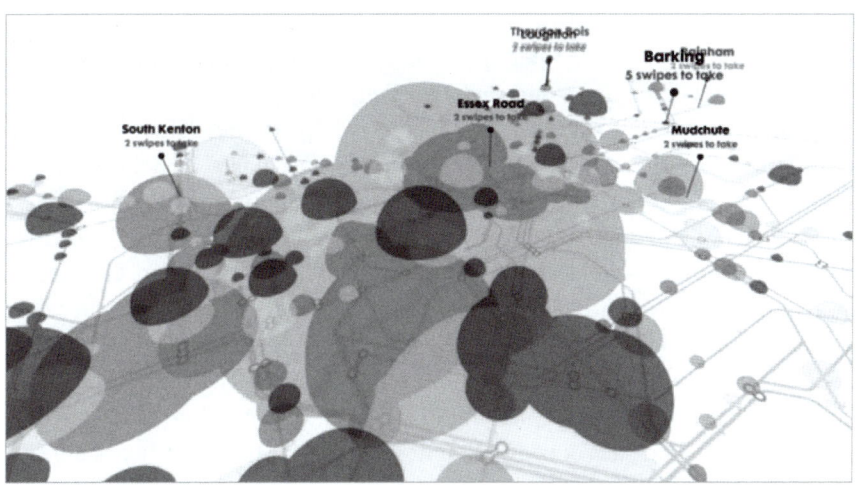

Abb. 2 *Chromaroma* (Quelle: http://www.chromaroma.com/. Zugriff: 05.03.2012)

Gamification des Londoner Nahverkehrs: *Chromaroma* verwandelt die im öffentlichen Personennahverkehr Londons generierten Bewegungsdaten in ein Spiel. Mit jeder U-Bahn-, Bus- oder auch Fahrradfahrt werden Punkte gewonnen, Missionen erfüllt, Rekorde aufgestellt – Reisen wird zum Wettbewerb um die Stadt.

Spielmechanismen durchsetzen unser Leben

Die Liste der Beispiele ließe sich lange fortsetzen – eine Menge solcher Spiele entsteht derzeit und viel mehr werden noch kommen. Immer mehr unserer Lebensbereiche werden zukünftig mit Spielmechanismen durchsetzt sein und immer mehr werden Spiele zu unserem Leben gehören und das Verhältnis zu Unternehmen oder auch anderen Organisationen bestimmen – so wie im vorigen Jahrhundert Werbung einen großen Bestandteil unseres Lebens ausgemacht hat. Jeder Moment in unserem Leben wird zum Spiel, weil wir Punkte sammeln, Trophäen erkämpfen, Missionen erfüllen und dafür Belohnungen und Status erhalten, uns mit anderen messen und unseren Fortschritt stets präsentiert bekommen. Zähne geputzt? 10 Punkte! Hund Gassi geführt? 10 Punkte! Sport gemacht? 10 Punkte! Genauso stellt sich *GreenGoose* vor, Aktivitäten des täglichen Lebens zum Spiel zu machen, um den inneren Schweinehund zu besiegen: Das Unternehmen verkauft einen kleinen Aktivitätssensor, der an allen möglichen Gegenständen befestigt werden kann – von der Zahnbürste über die Hundeleine bis zum Sportgerät. Nach Registrierung auf der Webseite des Unternehmens kann man beginnen, Punkte zu sammeln – wann immer der Sensor eine Aktivität meldet, wächst das Punktekonto.

Wenn wir für den täglichen Sport, das Staubsaugen oder Wäschewaschen Punkte erhalten und uns an der Spitze der Rangliste sehen, so das Kalkül von *GreenGoose*, fällt auch die ungeliebteste Aufgabe nur noch halb so schwer.

Aber ist nicht das ganze Leben ohnehin ein Spiel? Diese Sicht legt zumindest James P. Carse (1986) nahe, wenn er vorschlägt, Aktionen unseres Lebens als Bestandteil von Spielen zu betrachten, und zwar unterscheidet er zweierlei: endliche und unendliche Spiele. Während ein endliches Spiel einen definierten Anfangs- und Endpunkt hat und zum Zweck des Gewinnens gespielt wird, ist ein unendliches Spiel zeitlich unbefristet und wird um seiner selbst willen gespielt. In unendlichen Spielen geht es nicht ums Gewinnen, sondern darum, das Spiel aufrechtzuerhalten und mehr Spieler ins Spiel zu bringen. Beispiele für endliche Spiele sind Debatten, Sport, Schul- und Universitätsabschluss, Krieg; das einzige bekannte Beispiel für ein unendliches Spiel ist das Leben selbst. Hinter diesem Konzept steckt eine weniger ernsthafte, spielerische Sicht auf das Leben, die uns Entscheidungen als Spielzüge und gesellschaftliche Konventionen, Sitten und Bräuche als Spielregeln zu betrachten bewegt. Auch wenn James P. Carse bei der Formulierung seiner Sicht auf das Leben und seine Aufgaben als unendliches respektive endliches Spiel keine Computerspiele im Sinn hatte, so hatte er doch jene Eigenheit und Kraft von Spielen im Auge, auf die auch Anwendungen wie beispielsweise *EpicWin* bauen: Betrachten Menschen eine Herausforderung als Spiel, die gewöhnlich als ernste Angelegenheit gesehen wird, so bleiben sie dieser Sache gegenüber eher aufgeschlossen und empfinden ihre Ausführung als weniger lästig.

Diese Kraft von Spielen, zu motivieren und Menschen in ihren Bann zu ziehen, und die Allgegenwart von Technologie mögen die vorrangigen Beweggründe sein, warum wir heute immer häufiger – sowohl online als auch offline – bei den verschiedensten Aktivitäten vom Einkaufen über Ausbildung und Arbeit bis zum Reisen auf Mechanismen treffen, die Videospielen entliehen sind: Punkte, Levels, Wertungen und Ranglisten, zu meisternde Aufgaben und Belohnungen. Dieser Transfer von Spielmechanismen auf nichtspielerische Umgebungen wird als »Gamification« bezeichnet – wir erleben eine einzigartige »Spielifizierung« des Lebens.

Wirft man einen Blick zurück in die Geschichte, dann stellt man fest, dass Spiele schon einen weiten Weg hinter sich haben. Während der gesamten Menschheitsgeschichte waren Spiele anzutreffen: Immer schon wurde gespielt, in allen Kulturen und Regionen der Welt. Spiele sind ein wesentlicher Bestandteil menschlicher Erfahrungen. Dabei hat die Entwicklung Riesensprünge gemacht: von antiken Spielen, die mit einfachsten Mitteln auskamen, bis hin zu elektronischen Spielen. In unserem vernetzten Zeitalter der modernen Informations- und Kommunikationstechnologien haben vor allem Online-Videospiele einen herausragenden Platz unter den Spielen errungen und in ihrer Komplexität kaum noch etwas mit den Anfängen der Computerspiele zu tun. So genannte Massively Multiplayer Online Games (MMOG) werden von einer sehr großen Zahl an Spielern gleichzeitig über das Internet gespielt. MMOGs finden in virtuellen Welten statt, die dauerhaft und jederzeit zugänglich sind und auch dann weiterbestehen und sich fortentwickeln, wenn sich ein Spieler nicht aktiv am Geschehen beteiligt. Es bilden sich Communitys aus Tausenden von Spielern, die in Echtzeit kooperieren und konkurrieren. Die Spieler interagieren und kommunizieren über ihre selbst geschaffenen digitalen Charaktere (Avatare) nicht nur mit der Spielsoftware, sondern auch mit anderen Mitspielern und prägen somit die Entwicklung der virtuellen Welt gemeinsam. Die Spieler werden Teil einer Geschichte, formen Beziehungen, schließen sich zu Gilden zusammen und führen komplexe Missionen gemeinsam aus; sie bevölkern virtuelle, persistente Welten, die durch Erzählungen mit offenem Ende nur locker strukturiert sind und in denen Spieler große Freiheiten hinsichtlich ihrer Handlungen besitzen. Charakteristisch für MMOGs ist die Mischung aus einem Design, welches eine realitätsferne Fantasywelt beschreibt, und dem sozialen Realismus, der sich in dieser Welt entfaltet: So finden sich die Spieler in einer Welt voller Zwerge, Elfen, Ritter und Monstern, in der sie Handel treiben, Gebäude errichten oder sich Gedanken machen über Inflation und Geldsysteme. Obwohl sich die Spiele in Thema und Schauplatz unterscheiden, weisen viele eine ähnliche Struktur auf: Eine Anzahl von Spielern – dies können einmal 50, aber auch 200 sein – schließt sich zu Teams, so genannten Gilden, zusammen und bewältigt Aufgaben, die mit dem Fortschritt des Spiels schwieriger werden. Dabei erwerben die Spieler Fähigkeiten und Hilfsmittel, die ihnen den Aufstieg in das nächste Spiellevel ermöglichen. Innerhalb der Teams nehmen einzelne Spieler unterschiedliche Rollen und Verantwortlichkeiten an, um ihre gesamte Gruppe voranzubringen. Dabei ist die Zusammensetzung der Gilden keineswegs starr, weil Spieler sich stets nach den attraktivsten Zugehörigkeiten umsehen.

Spiele werden überall sein

Es sind diese wirkmächtigen Spiele, die der realen Welt eine virtuelle zur Seite stellen und diese beiden Sphären immer stärker miteinander verweben, die Gamification vorantreiben und Spiele in allen unseren Lebensbereichen verankern werden. Für Will Wright, einen der erfolgreichsten Videospieldesigner aller Zeiten und Erfinder von *SimCity*, ist das Vordringen von Spielen in sämtliche Lebensbereiche eine logische Entwicklung, deren Ende noch lange nicht absehbar ist. In einer Rede auf der »Inventing the Future of Games«-Konferenz im April 2011 in Kalifornien stellte er einige bahnbrechende Überlegungen zur Zukunft des Computerspiels an: Er sieht eine »Gambrian Explosion« kommen und prophezeit, dass Spiele allgegenwärtig werden. Mit diesem Wortspiel zielt er auf die so genannte Kambrische Explosion (»Cambrian Explosion«) ab, die vor rund 500 Millionen Jahren – einem biologischen Urknall gleich – zur schlagartigen Ausbreitung von Leben geführt hat. Ebenso breiten sich heute auch Spiele auf neue Plattformen, in neue Genres und Kategorien aus. Gespielt wird auf sozialen Netzwerken im Internet, Mobiltelefonen und Tablet-PCs, und immer öfter verwischen Spiele in der Augmented Reality, der erweiterten Realität, die Grenze zwischen virtuell und real. Diese unzähligen Möglichkeiten führen nicht nur zu einem größeren Publikum, sondern auch zu einem breiter gefächerten: Jeder spielt heute – vom Kleinkind bis zu den Großeltern.

Will Wright glaubt jedoch, dass Computerspiele heute noch ganz am Anfang ihrer Evolution stehen. Die Geschichte zeigt, dass zum Zeitpunkt der Erfindung eines Mediums jeweils seine Bedeutung unterschätzt wird. Frühe Fernsehenthusiasten träumten von drei Kanälen, aus denen sie auswählen können. Und Alexander Graham Bell, dem Erfinder des Telefons, wird der Ausspruch zugeschrieben: »I truly believe that one day, there will be a telephone in every town in America.« Dementsprechend sollte aus dem Spielsektor noch einiges zu erwarten sein. Genauso wenig wie Bell sich einst vorstellen konnte, dass sich einmal nicht nur in jeder Stadt, sondern in jeder Hosentasche ein Telefon befinden würde, können wir uns heute die noch folgenden Ausmaße der Verbreitung von Spielen ausdenken. Medien haben laut Wright immer schon eine Entwicklung genommen, die anfangs niemand für möglich hielt, deren Potenziale schließlich aber weit über die ursprüngliche Intention hinausgehen. Denn zur Geburtsstunde von Medien steht immer ein spezifischer, funktionaler Zweck im Mittelpunkt. Aber mit dem Konsum des Medienoutputs kommt ein tieferes Verständnis von der Produktion; und damit entwickelt sich das Medium weg von seinen funktionalen Anfängen hin zu einer abstrakteren Rolle.

Spiele werden sich aber nicht nur auf immer mehr Plattformen ausbreiten, auch die Technik wird (noch) weitere Sprünge machen. Schon heute ist ein Grad an Ausgereiftheit erreicht, der es mehr als rechtfertigt, von »Spielwelten« zu sprechen: Die Qualität der Grafik, die Möglichkeiten, sich darin zu bewegen, die Anzahl der möglichen Spielzüge – nichts erinnert mehr an die durch das Medium Computer vorgegebenen, eng gesteckten Grenzen früherer Computerspiele, die Spielwelten werden tatsächlich immer realistischer, der Spieler wird zum Handelnden. Für viele Menschen wird die virtuelle Welt des Spiels zur zweiten Heimat und viele flüchten sich in eine vermeintlich perfekte, nach Belieben ausgestaltbare Welt, die den grauen Alltag wie ein ungenügendes Abbild eines Ideals erscheinen lässt. Computerspiele erlauben es, vielfältige Rollen und Funktionen wahrzunehmen, die ansonsten verschlossen blieben – die Grenzen des eigenen Ichs können auf ein über das »echte« Leben hinausgehendes, nicht für möglich gehaltenes Maß ausgedehnt werden. Großartig aussehende, kluge, mit allen nur erdenklichen Fähigkeiten ausgestattete Avatare leben ihr Leben in einer niemals langweiligen, an spannenden Abenteuern reichen Welt – wie unzureichend muss im Vergleich das eigene Ich im eigenen echten Leben wirken? Mit der weiteren Verbreitung des Virtuellen in unserem Leben, mit den zunehmenden in virtuellen Welten verbrachten Spielstunden und mit einer gleichzeitig angesichts sozialer, ökologischer und sonstiger Probleme stets unwirtlicher werdenden echten Welt steigt die Verlockung, sich in ein virtuelles Dasein zurückzuziehen.

Tatsächlich steigt die Durchdringung unserer Lebenswelt mit Elementen des Virtuellen ständig an. Virtuelle Spielwelten sind Möglichkeitsräume, in denen Menschen mit keinerlei Konsequenzen rechnen müssen, sondern sich unbeschwert erproben können – anders als im richtigen Leben kann man ja immer wieder von Neuem starten. Die Auswirkungen des eigenen Handelns bleiben immer auf den virtuellen Raum beschränkt, nie greifen sie auf die Realität über. Die Trennung in virtuell und real wird allerdings dann auf die Probe gestellt, wenn immer wieder – insbesondere im Nachgang zu von Amok laufenden Jugendlichen angerichteten Blutbädern – diskutiert wird, ob Computerspiele nicht Vorbild oder Anreiz für Gewalttaten sein könnten. Und dass das Handeln im virtuellen Raum (blutige) Konsequenzen in der realen Welt zeitigt, steht dann gänzlich außer Frage, wenn im Hightech-Krieg auf exakt jene Kompetenzen zurückgegriffen wird, die Kinder und Jugendliche in den für Gewalttaten verantwortlich gemachten so genannten Killerspielen und Ego-Shootern lernen. Nicht nur, dass sich Soldaten heute in virtuellen

Szenarien, die sich in nichts von Computerspielen des Kriegsgenres unterscheiden, auf den Ernstfall vorbereiten, auch wird der moderne Krieg heute tatsächlich per Joystick geführt und Technik ersetzt in vielen Fällen den Nahkampf. Krieg wird zum Computerspiel, bei dem es darum geht, durch das Abschießen von Gegnern den eigenen Punktestand hochzutreiben. Dabei bleiben die Beschossenen so anonym und virtuell wie Avatare in einem Computerspiel: Gesichter sind nicht zu erkennen, erhält der Soldat die Szene doch lediglich über einen Bildschirm vermittelt. Die Situation von Soldaten mit einem Joystick vor dem Bildschirm unterscheidet sich nicht von der eines Computerspielers. Oft wird das Kriegsgerät viele Tausend Kilometer entfernt von einer Zentrale aus gesteuert: Über Satellitenbilder wird beobachtet, was am Boden vor sich geht, per Knopfdruck werden Raketen abgefeuert, die an Drohnen befestigt sind. Die Grausamkeit des Kriegs bleibt so im Bildschirm gefangen – ist Töten hierbei ein Computerspiel oder die blutige Realität?

Das Beispiel der modernen Kriegführung zeigt, wie sich im Hinblick auf das Töten Spiele in die Wirklichkeit schleichen. Aber auch der umgekehrte Fall, dass nämlich gesellschaftlich akzeptiertes Töten in der Wirklichkeit zum Spiel wird, ist einer näheren Betrachtung wert. (Vgl. Rötzer 2007: 184 ff.) So hat vor einigen Jahren in den USA das Internetangebot eines Texaners eine Kontroverse entfacht, weil es die gewohnten Vorstellungen von Realität und virtueller Darstellung durcheinanderbrachte: John Lockwood eröffnete auf seiner Ranch im März 2005 die Jagdsaison mittels ferngesteuerter Waffen über das Internet. Jedermann stand es frei, sich nach Eingabe seiner Kreditkartendaten auf Lockwoods Webseite live-shot.com einzuloggen und das Feuer auf die Tiere zu eröffnen. Was im echten Leben völlig legal ist, ja sogar als gesellschaftlich angesehener Sport gilt, löst heftige Reaktionen aus, sobald die Aktion per Mausklick auf dem Bildschirm erfolgt. Die Jagd aus der Ferne wurde schließlich verboten. Interessant ist aber ein Blick auf die Argumente, die zur Einstellung der Webseite führten: Das Tier habe keine Chance, es fehle die Herausforderung für den Jäger, die Internetjagd sei barbarisch, es sei nichts Sportliches an einer Jagd vom Sofa aus. Ist das ferngesteuerte Töten wirklich barbarischer als jenes an Ort und Stelle? Oder bringt live-shot.com lediglich alte romantische Vorstellungen von der Jagd ins Wanken? Am Ende zeigt sich, wie befremdend das Einstürzen der Grenzen zwischen Virtualität und Realität sein kann.

Durch die stets weiter voranschreitende Grenzverwischung zwischen virtueller und realer Welt wachsen Computerspiel und echtes Leben immer mehr zusammen. In den verschiedensten Lebensbereichen zeigt sich, wie Computerspiele nicht mehr das alleinige Terrain einiger »Nerds« sind, sondern ganz gewöhnlicher Bestandteil unser aller Leben werden. Wenn im Folgenden von Gamification die Rede ist, soll eine ganz bestimmte Facette dieses Phänomens in den Mittelpunkt der Betrachtung gerückt werden: Gemeint ist die bewusste Nutzbarmachung von Spielmechanismen, um die Motivation von Menschen zu wecken und sie zu ganz bestimmtem Verhalten zu animieren. Gamification passiert nicht einfach, es ist gewissermaßen ein Werkzeug, das von jemandem angewandt wird, um gewisse Ziele zu erreichen.

3 Wie Gamification wirkt: Bausteine und Ziele

Wir spielen alle, wer es weiß, ist klug.

Arthur Schnitzler, österreichischer Schriftsteller, 1862–1931

Gamification ist eine schlagkräftige neue Strategie, wenn es um die Beeinflussung und Motivation einzelner oder Gruppen von Menschen geht. Indem Elemente und Mechanismen von Spielen auf Aktivitäten angewandt werden, die typischerweise nicht als Spiel betrachtet werden, soll das Verhalten von Menschen verändert werden. Dabei macht sich die Strategie die menschliche Neigung zum Spielen zunutze. Die Anwendungsbereiche sind vielfältig: In der Unternehmenswelt beginnt man soeben die Vorteile von Gamification zu erkennen, um Kundenengagement und -loyalität zu steigern oder Mitarbeiter und Partner auf höhere Leistungsniveaus zu heben. Nicht länger sollen Preisnachlässe, Geschenke oder Gehaltssteigerungen zur Zielerreichung führen, sondern indem den Beteiligten das Erringen von kleinen Siegen in Aussicht gestellt wird. Aber nicht nur in der Wirtschaftswelt kann die Idee zu neuen Lösungen führen, auch in vielen anderen Bereichen bringt die Anleihe beim Gaming neue Denkprozesse und Verhaltensänderungen in Gang, wie etwa im Gesundheitsbereich (Diätprogramme, Raucherentwöhnung, Ansporn zu mehr Fitness, …), im Bildungsbereich (E-Learning, neue Trainingsmethoden, …) oder in Politik und Regierung (Bildungsreform, Klimawandel, Sozialstaatsreform, …). In den vielfältigsten Fällen verspricht der spielerische Weg zur Problemlösung bessere Ergebnisse.

Die Schlagkraft von Gamification als Strategie zur Verhaltensänderung rührt daher, weil Menschen in einen Prozess eingegliedert werden, dem zu folgen ihnen beim Meistern verschiedenster Aspekte des Lebens hilft – sei es Bildung, Arbeit oder aber Gewichtsabnahme. *Weight Watchers* ist ein gutes und frühes Beispiel, wie Spielmechanismen Motivation und Engagement fördern und auf diese Weise ein gewünschtes Verhalten hervorrufen. Mit seinem

Punktesystem, den Fortschrittsberichten, der Möglichkeit, an besonderen Herausforderungen teilzunehmen und sich mit anderen zu messen, sowie den regelmäßig stattfindenden Motivationstreffen bietet das Unternehmen alle Ingredienzen eines Multiplayer Games.

Auf Beispiele aus der jüngeren Vergangenheit stößt man, wirft man einen Blick auf die Armaturen moderner Autos: *Toyota Prius*, *Ford Focus*, *Nissan Leaf* und *Honda Insight Hybrid* haben allesamt ein Spiel an Bord, das umweltbewusstes Fahrverhalten zum Ziel hat – je »grüner« der Fahrstil, desto besser und größer wächst das digitale Bäumchen, welches der Fahrer auf dem Display immer im Blick hat. In Schweden können Autofahrer durch Beachtung von Geschwindigkeitsbeschränkungen sogar an einer Lotterie teilnehmen: Überwachungsgeräte messen die Geschwindigkeit, bei Überschreitung der Grenze werden Fahrer wie gewöhnlich zur Kasse gebeten, vorschriftsmäßige Fahrer nehmen an einer Lotterie teil, die durch die Strafzahlungen finanziert wird.

Diese Beispiele machen klar: Das Ziel des Einsatzes von Gamification ist letzten Endes also immer, eine Verhaltensänderung zu erreichen. Am weitesten vorgestoßen ist der Ansatz bisher in der Unternehmenswelt und immer dann zu beobachten, wenn Unternehmen ihre (potenziellen) Kunden zu einem umsatzförderlichen Verhalten bewegen wollen. Aber auch für die Politik und für Organisationen beinhaltet Gamification machtvolles Potenzial, um Probleme des menschlichen Zusammenlebens zu lösen. Beispielsweise ist es das Ziel von *World Without Oil*, die Aufmerksamkeit der Öffentlichkeit auf die Post-Öl-Ära zu lenken sowie einen Dialog zu eröffnen und Lösungen für die Zeit der Ölknappheit zu erarbeiten. Die Einsatzbereiche von Gamification reichen aber bis in den privaten Bereich: Immer dort, wo Menschen motiviert werden sollen, Aufgaben zu erledigen, für die sie ansonsten wenig Begeisterung zeigen, kommt die Wirkkraft von Gamification voll zum Tragen. *mindbloom* nennt sich etwa ein Spiel, das ein ganz großes Ziel verfolgt: Versprochen wird nicht weniger als sein Leben so zu gestalten, wie man sich das immer schon vorstellte; und zwar indem ein »Lebensbaum« gepflegt wird, dessen einzelne Äste für Lebensbereiche (Gesundheit, Beziehung, Freizeit, Karriere, Finanzen etc.) stehen, für deren Gedeihen man zu sorgen hat. Kleine Schritte in Richtung der gesteckten Ziele lassen das Bäumchen wachsen, das Leben lebenswerter werden und wie in jedem guten Spiel gibt es natürlich auch bei *mindbloom* Punkte zu verdienen.

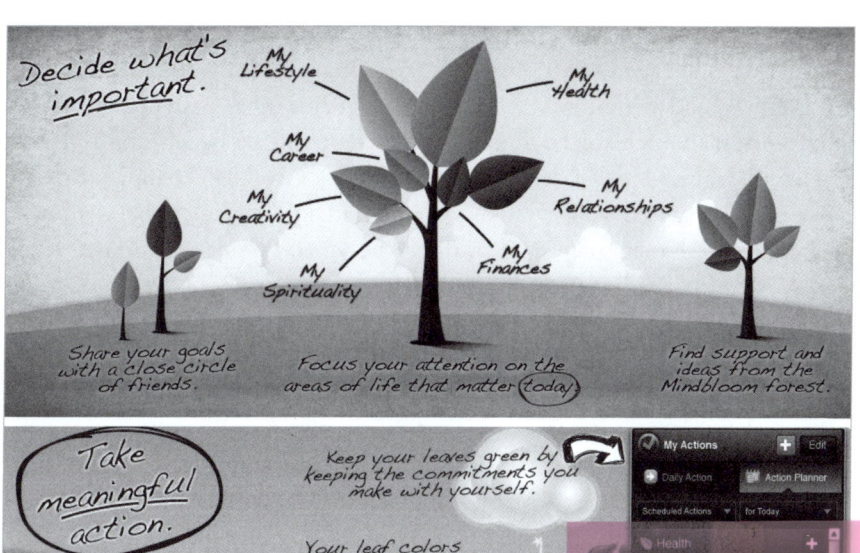

Abb. 3   *mindbloom* (Quelle: http://www.mindbloom.com/. Zugriff: 05.03.2012)

In ein paar Minuten zum besseren Leben: Ob Gesundheit, Karriere oder Beziehung – *mindbloom* verspricht eine unterhaltsame, einfache und effektive Methode zur Verbesserung der persönlichen Lebensqualität. Am Beginn des Spiels steht die Entscheidung, was im Leben wichtig ist: Jeder Lebensbereich, der mehr Aufmerksamkeit und Zeit verdient, wird als Blatt des »Lebensbaums« dargestellt (oben); durch entsprechendes Verhalten gilt es den »Lebensbaum« grün und gesund zu erhalten, unmittelbares Feedback erhält der Spieler zum Beispiel durch die Farbe der Blätter (unten).

Die Bausteine von Gamification

Zumeist braucht es natürlich mehr als die Möglichkeit, Punkte zu sammeln und Trophäen zu ergattern, um Kunden zu treuen Kunden zu machen oder Menschen zu sonst einer Aktion zu bewegen. Damit Gamification wirklich funktioniert, greifen die »Gamifizierer« dieser Welt zusätzlich tief in die psychologische Trickkiste: Die Spielerfahrung muss den Nutzer fesseln, die Herausforderungen müssen echtes Interesse wecken und das Verlangen hervorbringen, bis zum Ende dabei zu bleiben. Dabei setzen Spieldesigner etwa auf die menschliche Eigenschaft, immer genau das haben zu wollen, was andere auch haben, und gestalten Spiele so, dass Wettbewerbe entstehen. Größeres Interesse finden auch solche Spiele, die es schaffen, eine Bedeutung zu transportieren: Haben Spieler das Gefühl, auf etwas Großartiges hinzuarbeiten, Teil eines Ganzen zu sein, werden sie motiviert und engagiert bei der Sache bleiben. Spiele bauen auch darauf, dass Menschen Freude empfinden, wenn sie etwas erreicht haben, und dass das Erklimmen eines höheren Status motivierend ist. Die Psychologie im Auge geht es nun darum, den Nutzer eintauchen zu lassen in eine spielerische Erfahrung, ihn auf eine Reise zu schicken, die ihn fesselt, ihn motiviert und ihm Engagement abfordert. Um dies konkret zu bewerkstelligen, bedient sich Gamification aus dem Werkzeugkasten der Computerspieldesigner: Jedes Computerspiel weist eine Reihe bestimmter Mechanismen auf, die den Spieler zum Mitmachen bewegen und in ihrer Gesamtheit ein schlüssiges Ganzes ergeben sollen. Die individuelle Zusammenstellung der Spielbausteine, von denen einige im Folgenden erläutert werden sollen, hat die Aufgabe, die Regie des Spiels zu führen.

Punkte sind ein Mittel, um Verhalten zu messen und Feedback über den Fortschritt zu geben. Die Vergabe von Punkten ist so wirkungsvoll, weil Menschen Punkte als Belohnung auffassen und das Gefühl haben, sich etwas verdient zu haben. Auf diese Weise steigern Punkte die Motivation.

Levels zeigen den Fortschritt an, den ein Nutzer auf seiner Reise durch das Spiel gemacht hat. Sie sind ein Zeichen, gewisse Meilensteine genommen und Herausforderungen gemeistert und sich daher ein gewisses Maß an Respekt und Status verdient zu haben.

Herausforderungen sind die Missionen, auf die die Spieler zur Erfüllung geschickt und für deren Bewältigung sie belohnt werden und geben Menschen Ziele und das Gefühl, auf etwas Größeres hinzuarbeiten.

Auszeichnungen sind die sichtbaren Bestätigungen, dass ein Spieler bestimmte Levels erreicht oder Herausforderungen geschafft hat. Levels und Herausforderungen sind folglich nur dann ein effektiver Spielbestandteil, wenn auch Foren geschaffen werden, in denen Auszeichnungen sichtbar ausgestellt werden können.

Wertungen erlauben den Spielern, sich mit anderen zu vergleichen, und sind daher zugleich Ansporn und die Quelle von Ruhm, wenn der eigene Name ganz oben erscheint. Im Rahmen von Gamification werden Übersichten mit den aktuellen Wertungen genutzt, um den Wettbewerb zu befeuern und das Interesse der Spieler hochzuhalten und um gleichzeitig erwünschte Aktionen sichtbar zu machen.

Belohnungen können die verschiedensten Formen annehmen – von Status über Macht bis zu Geld und Geschenken. Immer wird jedoch etwas für den Spieler Wertvolles für erwünschte Aktionen gegeben. Nach der Aktion gibt es die Belohnung mit dem Ziel, die Aktion zu wiederholen.

Solche Bausteine machen Gamification aus: Werden Mechanismen dieser Art im Rahmen eines Spiels in Webseiten, Online-Communitys, Marketingkampagnen oder dergleichen integriert und entsteht daraus eine Spieldynamik, stehen die Chancen gut, dass Beteiligung und Engagement der Nutzer steigen. Da eben dies die ureigenen Ziele der Werbewirtschaft sind, verwundert es wenig, dass das Marketing Vorreiter beim Gamification-Trend ist und darin ein neues Mittel sieht, um nicht nur die Aufmerksamkeit von Nutzern und Kunden zu erreichen, sondern sie zu involvieren und ihre Loyalität zu gewinnen. Aber Gamification ist mehr als der neueste Schrei im Marketing. Nicht nur, weil Gaming ein derart starker Wirtschaftsfaktor wurde und Spieler keine Minderheit mehr sind, sondern die Mehrheit der Bevölkerung ausmachen, lässt sich beobachten, dass die Lehren, die Spiele bereithalten, auf ein breites Spektrum von gesellschaftlichen Bereichen transferiert werden. Dies geschieht auch aus dem guten Grund, weil Spielen tatsächlich einiges Potenzial zur Problemlösung innewohnt:

- So sind in der realen Welt etwa Feedback-Schleifen (Mitarbeiterbewertung, Kundenmeinung etc.) langsam, weil zwischen Ereignissen jeweils viel Zeit vergeht. Demgegenüber kann Gamification dazu beitragen, Rückmeldungen viel schneller zu geben und damit das Engagement und die Motivation der Beteiligten zu erhöhen.
- In der echten Welt sind Ziele oftmals eher unscharf als eindeutig und Regeln kommen nur allzu oft uneinheitlich zum Einsatz. Gamification trägt dazu bei, dass Ziele klar sind und Regeln eindeutig formuliert und angewandt werden, um Beteiligte in die Lage zu versetzen, ohne Reibungsverluste Ziele zu erreichen.
- Gamification wartet mit einer Geschichte auf, die die Beteiligten zum Mitwirken und zur Zielerreichung anspornt. Nur selten schaffen es hingegen nichtspielerische Aktivitäten in der realen Welt, Menschen in ihren Bann zu ziehen und zum Mitwirken zu verlocken.
- In der realen Welt besteht kein Mangel an Herausforderungen, die groß und langwierig sind. Jeder weiß, dass dies an der Motivation zehrt. Gamification konfrontiert Menschen mit Aufgabenhäppchen: kurzfristige Aufträge, die zwar fordernd, aber zu bewältigen sind. Dadurch wird das Engagement aufrechterhalten.

Kurz: Spiele sind der realen Welt in mancherlei Hinsicht weit überlegen, weil sie spannender und aufregender sind, besseres und unmittelbares Feedback geben, einen stärkeren sozialen Zusammenhalt schaffen und Menschen fortwährend in Erstaunen versetzen und neugierig machen. Sie geben Menschen befriedigende Arbeit und vermitteln die Erfahrung, Fähigkeiten zu besitzen und etwas wirklich gut zu können. Der Erfolg von Spielen gründet zu einem großen Teil auch auf deren Eigenart, den Spielern das Gefühl zu geben, Teil eines größeren Ganzen zu sein.

Ein Netz aus Spielen umgibt unser Leben

Es ist eben diese Macht der Spiele, die ein neues Zeitalter einläutet – zumindest sieht Seth Priebatsch das Jahrzehnt der Spiele anbrechen. Der CEO (»Chief Ninja«) von *SCVNGR*, einem Unternehmen, das lokationsbasierte Spiele zur Kundenbindung entwickelt, wird nicht müde, auf diversen Konferenzen zu verkünden, dass er die Welt der Spiele revolutionieren wolle. Um unser gesamtes Leben werde ein Netz aus Spielen gewoben sein. Dies ist die logische Fortsetzung einer Entwicklung, die im letzten Jahrzehnt mit der Revolution der sozialen Netzwerke begann, in der sich zunächst alles um die Verbindung mit anderen Menschen drehte. Es ist heute *Facebook*, das für diese neue Macht des Sozialen und des Netzwerks steht wie kein anderes Unternehmen. *Facebook* bestimmt die Bedingungen und gibt die Infrastruktur vor. Auf diese Infrastruktur bauen nun Spiele auf: Im kommenden Jahrzehnt wird es nicht mehr bloß um die Verbindung von Mensch zu Mensch gehen, sondern um die Beeinflussung von Verhalten. Die Infrastruktur ist gerade im Entstehen. Eine Vielzahl von Bemühungen, Spiele in unser Leben zu integrieren, ist zu beobachten, jedoch ist noch nicht klar, wohin die Reise geht. Gamification steckt noch in den Kinderschuhen. Bis ein »zweites Facebook« existiert, das die Infrastruktur und die Regeln vorgibt, wird es wohl noch eine Weile dauern. Aber eines ist klar: Die Anzeichen, dass verhaltensbeeinflussende Spielmechanismen Kommerz, Bildung und viele andere unserer Lebensbereiche umformen werden, sind deutlich vorhanden. Und sogar, so Priebatsch, könnten die »Game Layer« die Probleme dieser Welt lösen – so wirkungsvoll seien Spielmechanismen, dass sie uns Werkzeuge in die Hand geben, mit deren Hilfe bislang ungelöste Probleme zu bewältigen seien. Diese Prophezeiung untermauerte Priebatsch bei einer seiner Reden auch prompt mit einem Spiel: Das mehrere Hundert Personen zählende Publikum erhielt jeweils eine bis drei Karten ausgeteilt, die jeweils eine von drei Farben hatten. Die Aufgabe lautete, dass sich die verschiedenen Sitzreihen durch Tauschen der Karten so organisieren sollten, dass pro Reihe jeweils nur eine Farbe vorkommt. Innerhalb von drei Minuten sollte sich also der gesamte Saal von Chaos in eine vorgegebene Ordnung finden – bei Gelingen versprach Priebatsch eine Spende von 10.000 Dollar. Nach nur einer Minute war das Ziel erreicht, trotz einiger Probleme herrschte perfekte Ordnung. Was sollte dieses Spiel zeigen? Priebatsch verglich die Regeln des Spiels und die Schwierigkeiten der Spieler mit der Bewältigung globaler Probleme: Ein Mangel an Kommunikation, Handelsangelegenheiten, eine ungleiche Allokation von Ressourcen, dezentrale Führung, eingeschränkte Mobilität – trotz dieser Hürden wurde das Problem gelöst. Spielmechanismen, ein Countdown und ein gemeinsames Ziel sowie die Motivation der Teilnehmer würden ihr Übriges tun. Ob nun tatsächlich der Klimawandel – eine Herausforderung ohne zentrale Schaltstelle und mit ungleicher Ressourcenverteilung – spielerisch in den Griff zu bekommen ist, wird die Zeit weisen.

4 Spiele sind überall: Utopie oder Dystopie?

Nirgends hat der Mensch mehr Scharfsinn an den Tag gelegt als in seinen Spielen.

Gottfried Wilhelm Leibniz, deutscher Philosoph und Mathematiker, 1646–1716

Schon seit eh und je treffen wir auf Spielmechanismen und -dynamiken in vielen verschiedenen Bereichen, auch wenn diese nicht explizit als Spiel deklariert werden. Punkte, Rangabzeichen, Statusanzeige oder Levels, wie sie in modernen Computerspielen zum Einsatz kommen, gab es – zumindest dem Prinzip nach – auch schon bei den Olympischen Spielen der Antike. Gamification kann also weit in die Vergangenheit zurückverfolgt werden, obgleich das Phänomen niemals als solches benannt und derart systematisch eingesetzt wurde wie dies heute der Fall ist. Auch in der Unternehmenswelt, wo Gamification heute am weitesten verbreitet und ausgereift ist, ist der Trend keineswegs neu: Was sonst ist das Sammeln von Treuemarken und anschließende Einlösen gegen Produktprämien? Auch uralte Einrichtungen wie beispielsweise die »Happy Hour« folgen den Prinzipien eines Spiels: Wer sich innerhalb eines bestimmten Zeitraums an einem bestimmten Ort einfindet und ausgewählte Getränke bestellt, erhält eine Belohnung – die Ausgabe verbilligter oder kostenloser Getränke nach diesem Muster, wie es uns seit Langem geläufig ist, wendet eine Spieldynamik an, die man auch in vielen Spielen wiederfindet: zu einem bestimmten Zeitpunkt an einem bestimmten Ort eine bestimmte Aktion auszuführen und dafür belohnt zu werden.

Warum aber macht es sich bezahlt, heute einen genaueren Blick auf Gamification zu werfen? Warum entdecken wir erst jetzt, dass der systematische Einsatz von Gamification so viele Aspekte unseres Lebens revolutionieren kann – von der Art, wie unsere Kaufentscheidungen beeinflusst werden, bis hin zur Lösung echter Probleme? Wird Gamification richtig umgesetzt, kann es durchaus viel bewirken, viel machtvoller sein als die herkömmliche, eher zufällige Anwendung von Spielprinzipien. Dies hat damit zu tun, dass Gamification heute noch einen Schritt weiter geht: Dadurch, dass der Trend heute hauptsächlich im Internet stattfindet, kommt eine soziale Komponente hinzu, indem Spieler vernetzt und gemeinschaftlich agieren können. Dies stillt nicht nur den Hunger der Menschen nach sozialen Interaktionen, sondern facht auch Wettbewerb an, was Menschen immer schon zu besonderen Leistungen angestachelt hat. Die Bereicherung der Spielmechanismen um das Soziale weckt zudem größeres Interesse und hält Beteiligung eher hoch als isoliertes Spiel. Sich mit anderen zu messen, gemeinschaftlich an einer großen Aufgabe zu werken und damit Teil eines größeren Ganzen zu werden, begeistert Menschen. Gamification zeichnet sich heute durch eine immense technologische Unterfütterung aus: Die schon angesprochene Vernetzung einerseits macht ganz andere Spielzüge möglich als dies in analogen Zeiten denkbar war. Und zum anderen wird eine unglaubliche Masse an Daten über das Nutzerverhalten erhoben, was wiederum neue Spielvariationen ermöglicht. Man denke nur an *Foursquare*, dessen Wettkampf um den Mayortitel erst durch die GPS-Technologie möglich wurde. Im Laufe des Spiels wird eine Unmenge an Daten über die Spieler gesammelt, ein ausführliches Bewegungsprofil entsteht. Dies macht *Foursquare* zu einem viel wirkungsvolleren Loyalitätsprogramm als dies etwa Vielfliegerprogramme jemals waren, weil der Dienst nicht nur auf das Einlösen der zuvor gesammelten Punkte fokussiert und lediglich das Verdienen von Prämien als jenen Teil des Programms betrachtet, der den Nutzern Spaß bringt. Vielmehr wird das gesamte Programm so gestaltet, dass auch das Sammeln von Punkten selbst als befriedigend erlebt wird. Für teilnehmende Unternehmen erwachsen dadurch weitreichende Möglichkeiten, ihren Kunden »kennenzulernen«. Nicht nur werden Geschenke im Gegenzug für die gehaltene Treue verteilt in der Hoffnung, der Kunde möge immer wiederkommen. Zusätzlich kommt das Unternehmen zu einem facettenreichen Datenprofil und kann den Kunden dadurch gezielt ansprechen – und manipulieren? Dabei wird im Gegensatz zu herkömmlichen Loyalitätsprogrammen nicht nur jene Aktivität registriert, die aus Unternehmenssicht gefördert und »belohnt« werden soll, nämlich die Einkäufe, Besuche, Buchungen etc., nein, auch viele andere Daten fallen an, werden gespeichert und können selbstverständlich ausgewertet werden. Wenn etwa ein Coffeeshop für den errungenen Mayortitel einen Gratis-Kaffee ausgibt, um Kunden in den Laden zu locken, dann werden nicht nur die Cafébesuche registriert, sondern auch allerhand andere Aufenthaltsorte, wo der Nutzer »eingecheckt« hat. Anwendungen wie *Foursquare* zeigen aber auch noch aus einem zweiten

Grund, warum Spiele heute größere Möglichkeiten haben, Wirkung zu entfalten: Sie verbinden die Online- mit der Offline-Welt.

Die vernetzte Welt als Infrastruktur für Gamification

Was noch bis vor Kurzem wie Science-Fiction geklungen haben mag, wird mit der Ausbreitung des Internets in allen Bereichen unseres Lebens Wirklichkeit: Die Grenzen zwischen Cyberspace und echter Welt lösen sich immer mehr auf. Das Internet hat eine rasante Entwicklung hinter sich: Das ursprünglich »stationäre« Internet, zu dem wir über Desktop-PCs Verbindungen aufgebaut – und immer auch wieder abgebrochen – haben, hat sich zu einem »mobilen« Internet, auf das wir zu jeder Zeit und von jedem Ort über unsere Mobiltelefone zugreifen, entwickelt. Es ist beinahe schon allgegenwärtig und immer verfügbar, denn Smartphones gehen nicht mehr offline. »Ich geh' mal ins Internet« wird bald schon ein Ausspruch von gestern sein. Der nächste Schritt in der Entwicklung steht unmittelbar bevor: Die Verbindung von Menschen und Dingen im »Internet of Things«. Objekte werden intelligent, weil sie Informationen über sich selbst kommunizieren können genau so wie sie Informationen aufnehmen und verarbeiten können, die von anderen Dingen ausgesandt werden – und all dies ohne menschliche Beteiligung. Dadurch wird Erstaunliches nicht nur denkbar, sondern in nicht allzu ferner Zukunft tatsächlich Wirklichkeit: etwa der Wecker, der früher als gewöhnlich Alarm schlägt, weil er vernommen hat, dass auf dem Weg zur Arbeit ein Stau ist; oder die Gartenpflanzen, die der Sprinkleranlage mitteilen, dass es wieder einmal an der Zeit für Wasser ist; Fertigungsstraßen, in der sich die einzelnen Maschinen über Produktionsprobleme oder Engpässe austauschen und entsprechende Vorkehrungen treffen; oder Autos, die sich gegenseitig über Fahrbedingungen oder einen Unfall auf dem vorausliegenden Straßenabschnitt warnen. Weil Dinge mit dem Internet verbunden sind, kommt ihnen eine viel aktivere Rolle zu. Und es werden die einfachsten Gegenstände sein, die sich miteinander »unterhalten« können und in Fällen auch Zugang erhalten zu dem kollektiven Datenbestand, der durch eben diese neuen Verbindungen entsteht. Dadurch bedeutet das Internet der Dinge das Zusammenwachsen der physischen mit der digitalen Welt. Physische Gegenstände werden einen Datenschatten im Internet – quasi ihre eigene Homepage, auf der alle Informationen über sie gespeichert sind – haben. Über das Netzwerk stehen diese Daten immer zur Verfügung, wobei die Verknüpfung von Objekt und Daten beispielsweise über einen RFID-Transponder, mit dessen Hilfe kontaktlose Datenübertragung per Funk erfolgt, ermöglicht wird. Intelligent werden die Gegenstände, indem die Transponder um Sensoren und Rechenleistung erweitert werden. Ein solches System macht Objekte kontextsensitiv und ermöglicht intelligente Entscheidungen in Echtzeit. Stand in der Vergangenheit die Kommunikation zwischen Mensch und Maschine im Vordergrund, so bereiten all diese Entwicklungen die Basis dafür, dass Maschinen mit Maschinen immerwährend kommunizieren werden. Der Mensch wird idealerweise befreit von Routine und greift nur noch an bedeutungsvollen Punkten ein. Der Kommunikation zwischen Mensch und Maschine kommt zupass, dass auch Bildschirme immer präsenter werden: Nicht nur, dass in Form des Mobiltelefons neuerdings jeder Mensch seinen eigenen Bildschirm mit sich herumträgt, über den Daten jederzeit und allerorten abgerufen werden können. Auch ist anzunehmen, dass mit der weiteren Verbilligung von Technik immer mehr Bildschirme direkt in Objekte integriert werden.

Das Internet der Dinge ist keine Zukunftsmusik mehr, immer mehr Dinge unseres alltäglichen Lebens »gehen ins Netz«. Und es ist unschwer vorauszusagen, dass mit dem wachsenden Netz, das sich um unser Leben spannt, all jenes, was mit dem Internet verbunden werden kann, auch verbunden werden wird. Dass die gesamte Welt online geht, hat auch viel zu tun mit der zunehmenden Verbreitung von Technologien wie RFID (Radio Frequency Identification), Sensoren und drahtlosen Kommunikationsgeräten, die in Objekte eingebettet sind oder von Menschen getragen werden. Solche – immer billiger werdende – Technik ist dafür verantwortlich, Informationen über Dinge und ihre Umgebung zu sammeln und zu kommunizieren. Weil der Preis solcher Technik rapide fällt, ist es möglich, sämtliche Gegenstände – auch Wegwerfprodukte wie etwa Verpackungen – mit Technik auszustatten. So wird Technik dann selbst zum Wegwerfprodukt. Noch ist zwar nicht absehbar, dass in naher Zukunft wirklich jeder Müsliriegel, jede Kaffeetasse und jeder Waschmittelbehälter mit Sensor und Bildschirm ausgestattet ist, aber Unternehmen wie etwa der Sportartikelhersteller *Nike* zeigen eindringlich, wie weit das Internet der Dinge schon fortgeschritten ist: Die Laufschuhe des Unternehmens enthalten *Nike+*, einen Sensor, der Distanz, Geschwindigkeit und Zeit misst. Nicht nur, dass Läufer durch Hochladen der Daten in eine Internetanwendung von *Nike* ihre eigenen sportlichen Erfolge verfolgen können, auch zeigt der Konzern, dass das Internet der Dinge eine perfekte Grundlage für alle möglichen Arten von Spielen ist: Mit *Nike Human Race* richtet *Nike* die weltgrößte Laufveranstaltung aus. Mitmachen kann jedermann mit *Nike+* im Schuh, um die Ergebnisse zu messen. *Nike* verbindet damit seine Internetanwendung über die digitalen Laufdaten unzähliger Sportler mit der echten Laufwelt und macht einen Wettlauf möglich, bei dem jeder Läufer gegen Läufer am anderen Ende der Welt antreten kann. Das wachsende Internet der Dinge bietet also eine optimale Infrastruktur für Spiele, die immer öfter die Grenze zwischen real und virtuell überschreiten.

Spielen im Internet der Dinge

Und weil kommunizierende Objekte bald allgegenwärtig sein werden, werden auch digitale Spiele bald überall sein. Ist es vorstellbar, dass jede, und wirklich jede, noch so profane Tätigkeit unseres Lebens zum Spiel wird? Ist es etwa denkbar, dass Zähneputzen zum Spiel wird? Der Zahnbürstenhersteller *Oral-B* kann sich eben dies sehr gut vorstellen: Das Unternehmen hat ein elektrisches Modell in seiner Produktpalette, das den Zahnputzfortschritt anzeigt und die positive Erledigung belohnt: Alle 30 Sekunden ertönt ein Piepston, um den Wechsel in eine andere Mundregion anzuzeigen, und nach zwei Minuten signalisiert die Zahnbürste, dass die gesamte Putzzeit erreicht wurde. Hält der Zahnputzer bis zum Ende durch, erscheint auf dem Display ein lachendes Gesicht, ein trauriges Gesicht zeigt hingegen an, dass die Zähne nicht ordentlich geputzt wurden. Da die Zahnbürste nicht mit dem Internet verbunden ist, kämpft man gegen sich selbst. Es wäre jedoch nur ein kleiner Schritt, Zähneputzen in ein MMOG zu verwandeln: Es gibt bereits Personenwaagen am Markt, die mit dem Internet verbunden sind, Messergebnisse automatisch in einer Datenbank speichern und die Daten im Zeitverlauf grafisch darstellen. Des Weiteren können Ziele festgelegt, die Zielerreichung überwacht und die Daten mit Arzt, Fitnesstrainer oder Familie und Freunden ausgetauscht werden. Und auf Wunsch können die Gewichtsdaten auch automatisch über *Twitter* verschickt werden.

Es ist unschwer zu erkennen, dass durch solche Spiele, die an allen nur erdenklichen Stellen ihren Weg in unser Leben finden werden, ein dichtes Datennetz entsteht. Die durch das Spielen im Internet der Dinge entstehenden Datensammlungen geben eine Menge über uns und unser Verhalten preis. Und in ihrer Gesamtheit könnten die Daten sogar ein recht genaues Datenprofil unserer gesamten Persönlichkeit abgeben, schließlich werden unsere Bewegungen etwa durch *Foursquare*, unsere Aktivitäten im Tagesablauf (*EpicWin*) oder wird die Nutzung von Produkten registriert, wie das Beispiel mit der Zahnbürste zeigt. Das Beispiel der Personenwaage wiederum ist ein Vorgeschmack darauf, welchen Datenschatten unsere körperlichen Funktionen in Zukunft werfen könnten: Warum sollte im Internet lediglich ein

»Wettlauf« um das Optimalgewicht stattfinden und nicht auch um den gesündesten Blutdruck oder Cholesterinspiegel? Das Netz aus Daten wird auch dadurch immer dichter, weil Menschen selbst, um an den verschiedenen Spielen teilzunehmen, allerhand Daten preisgeben. Um beim Thema Gesundheit zu bleiben: *Health Month* beispielsweise ist ein Spiel, mit dem Verhalten durch Spielmechanismen beeinflusst werden soll, um Gesundheit, Fitness und Ernährung zu verbessern. Dabei wählt jeder Spieler seine eigenen Regeln, weil jeder seine eigenen Ziele verfolgt – der eine will mit dem Rauchen aufhören, der andere will ein paar Pfunde loswerden. Monatlich bestimmt der Spieler, was erlaubt ist (zum Beispiel mehr Gemüse essen, ausreichend Wasser trinken, mehr Sport machen) und was nicht erlaubt ist (etwa weniger Koffein, weniger Alkohol, weniger Zigaretten). Der innere Schweinehund soll durch die Festlegung von Belohnungen und Bestrafungen besiegt werden: Was gönnt man sich am Ende des Monats bei Einhaltung der Regeln, welcher Einsatz wird fällig, bricht man die selbst auferlegten Regeln? Und wie bei jedem Spiel gibt es Punkte – für getane Arbeit verdient man Punkte, verstößt man gegen Regeln, verliert man Punkte. Und da man nicht allein ist im Kampf um den gesünderen Lebensstil, können Punkte mit anderen Spielern verglichen, anspornende Kommentare ausgetauscht oder – wenn das Punktekonto auf null zu rutschen droht – Punkte von anderen Mitspielern erbeten werden. Es liegt auf der Hand, dass bei solchen Spielen der Spieler jede Menge Informationen von sich preisgibt, schließlich tut er zur Vorbereitung des Spiels selbst kund, wo der Schuh drückt. Und es existieren eine ganze Reihe von Spielen, die ihre Kraft, Motivation zu schüren, zur Bekämpfung des inneren Schweinehunds nutzen – und dabei gleichzeitig jede Menge persönlicher Daten einsammeln. Man denke nur an *Epic Win*, das mit der spielerischen Umsetzung von To-Do-Listen dem Spieler auch allerhand über seinen Tagesablauf und damit über Höchstpersönliches – von Wünschen über Hobbys bis hin zu Interessen – entlockt. Ebenso trägt das schon angesprochene *GreenGoose* dazu bei, ausnahmslos jeden Aspekt unseres Lebens zum Spiel zu machen und damit unser gesamtes Leben mit einer Datenschicht zu überziehen. Weil das Spiel vorsieht, alle möglichen Alltagsgegenstände mit einem Sensor zu versehen, um die Erledigung von Alltagsaufgaben zu einem spielerischen Wettbewerb zu verwandeln, legen wir eben dadurch auch eine Datenspur, die unser Verhalten weitgehend beschreibt.

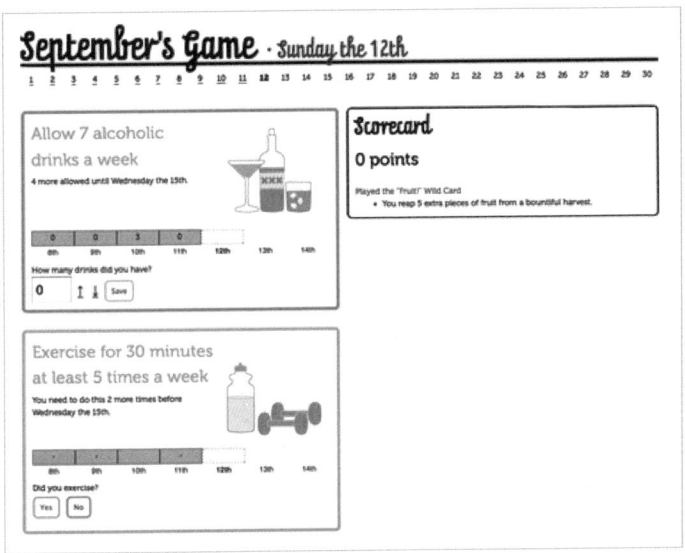

Abb. 4 *Health Month* (Quelle: http://healthmonth.com/home. Zugriff: 08.03.2013)

Mit Spaß zum gesünderen Leben: Spieler stellen ihre eigenen Regeln auf, um Ernährung und Fitness zu verbessern. Jeder Spieler startet mit zehn Lebenspunkten, die es durch Einhalten der Regeln zu verteidigen gilt. Ziel des Spiels ist es, am Ende des Monats mindestens noch einen Lebenspunkt auf dem Konto zu haben. Und wer sich nicht an die Regeln hält, kann immer noch Punkte von seinen Freunden leihen.

Spiele erzeugen einen Datenschatten

Was von einer Zukunft mit allgegenwärtigen digitalen Spielen zu halten ist, ist einerseits natürlich eine Geschmacksfrage, andererseits aber sind die Konsequenzen des damit verbundenen Datenschattens, der unser gesamtes Leben überziehen wird, jedenfalls Grund für einen kritischen Blick hinter die Fassade der schönen neuen Spielewelt. Schließlich können diese Daten zu einer Vielzahl von Zwecken genutzt werden. Dass das Marketing eine ganze Reihe von Datenquellen anzapft, um ihre Kunden möglichst genau kennenzulernen und mit kundenindividuellen Angeboten zu umschwärmen, sind wir bereits gewöhnt. Wie die obigen Beispiele von *EpicWin* bis *GreenGoose* zeigen, bieten solche Spiele vielerlei Einblicke in das Privatleben, aus denen die Werbewirtschaft recht genau Anforderungen und Wünsche an neue Produkte und überhaupt gänzlich neue Bedürfnisse ablesen kann. So lässt sich immer blitzschnell mit neuen maßgeschneiderten Angeboten zur Stelle sein. Wo exakt bei solcher »Schnüffelei« die Grenze des Erlaubten überschritten ist, mag von Mensch zu Mensch verschieden sein. Immer vor Augen halten sollte man sich jedenfalls, dass es nicht nur um das Zuspielen passgenauer Werbung geht, sondern Unternehmen immer öfter auch sonstige Entscheidungen auf Basis der gewonnenen Verhaltens- und Persönlichkeitsprofile treffen werden. Für Versicherungen beispielsweise können die aus den angesprochenen Spielen gewonnenen Erkenntnisse wahre Goldgruben sein, wenn etwa aus den in *Health Month* gemachten guten Vorsätzen auf den gepflegten Lebensstil geschlossen werden kann und die Prämien dann entsprechend festgesetzt werden.

All dies wirft die Frage auf: Ist die verspielte Gesellschaft auf dem Weg in Richtung einer Utopie, in der spielerisch die großen Weltprobleme gelöst werden, alle Menschen hoch motiviert arbeiten, weil auch die langweiligste Aufgabe gleichbedeutend mit Spaß ist, und Routinetätigkeiten so gut wie nicht mehr existieren? Oder steuern wir auf das Wahrwerden einer Dystopie zu, in der Technik so verführerisch wird, dass sie uns letztendlich kontrolliert und unser fortwährendes Spielen einen »großen Bruder« ohne Unterlass mit Daten füttert, Informationen über unser Verhalten, unsere Wünsche, unser tiefstes Inneres allzeit abrufbar werden? Werden Spiele so allgegenwärtig werden, dass unser Leben von Überwachung, Kontrolle und Manipulation regiert wird? Wahrscheinlich liegt die Wahrheit – wie so häufig – irgendwo zwischen diesen Extremszenarien. Aber eines muss man sich in jedem Fall klarmachen: Gamification hat immer den Zweck, Verhalten zu beeinflussen. Ob dies letztlich zum Guten oder Schlechten geschieht, hängt von der Zielsetzung des Urhebers und des Designs des Spiels ab. Jesse Schell, Professor an der Carnegie Mellon University in Pittsburgh sowie Gründer von *Schell Games*, sieht eine Zukunft, in der wir immerzu, jede Sekunde unseres Lebens in gewisser Weise spielen. Als Gamepocalypse (Schell 2010) bezeichnet er seine Vision, in der es für jede nur erdenkliche Aktivität Punkte zu verdienen gibt, die dann gegen Vergünstigungen verschiedenster Formen – von der Steuergutschrift bis zum Gratisprodukt – eingetauscht werden können. Punkte werden morgens beim Zähneputzen gesammelt. Denn sobald Unternehmen eine Technologie zur Hand haben, die die Nutzung von Produkten feststellen kann, werden sie natürlich daran arbeiten, (potenzielle) Kunden zu motivieren, die Produkte zu benutzen, um Ersatzkäufe zu forcieren. Genauso gibt es auf dem Weg zur Arbeit Punkte zu verdienen, wenn wir statt des Autos die öffentlichen Verkehrsmittel nehmen, weil die Stadtregierung möglichst viele Autos aus der Innenstadt verbannen möchte. Steigen wir dann eine Station früher aus und gehen zu Fuß, so belohnt solches Verhalten wiederum unsere Krankenkasse mit ein paar Punkten, die sodann gegen Rabatte auf die Versicherungsprämie eingewechselt werden können. Kommen wir pünktlich zur Arbeit, steigt auch dadurch unser Punktekonto, und eine ordentliche Portion Extrapunkte sammelt ein, wer jeden Tag pünktlich war. Damit beschreibt Schell eine Welt, in der die Vergabe von Punkten unser Verhalten diktiert, weil Spiele ein perfektes Belohnungssystem sind, das uns anstachelt, bestimmte Dinge zu tun oder zu unterlassen.

Diese Eigenschaft von Computerspielen wird etwa im Gesundheitsbereich genutzt, um Patienten dahingehend zu »manipulieren«, bestimmte Verhaltensweisen an den Tag zu legen. Die massenhaft in Computerspiele fließende Energie und Zeit soll dabei so kanalisiert werden, dass nicht bloß Unterhaltung im Vordergrund steht, sondern eine Verhaltensbeeinflussung – in Richtung gesunder Ernährung, mehr Sport oder der Einhaltung von Therapien. Ziel dabei ist immer, die Aufklärung über gesundheitliche Themen zu unterstützen sowie Menschen die Möglichkeit zu geben, in sicheren virtuellen Umgebungen neue Gedanken- und Verhaltensmuster zu erproben. *Escape from Diab* und *Nanoswarm: Invasion from Inner Space* sind zwei solcher Computerspiele, die sich nicht von anderen kommerziellen Computerspielen unterscheiden, ganz in der Art guter digitaler Spiele den Spieler in eine fesselnde Geschichte verstricken, damit jedoch ein konkretes Ziel verfolgen: Spieler sollen zur Änderung ihrer Ernährungsgewohnheiten und zu mehr physischer Aktivität veranlasst werden, um das Risiko von Typ-2-Diabetes sowie Übergewicht zu verringern. Obwohl solche Anwendungen von Computerspielen noch viel Forschungsarbeit notwendig machen, konnten mit diesen beiden Spielen dennoch kleine Erfolge erzielt werden: Der Verzehr von Obst und Gemüse konnte bei den jugendlichen Spielern gesteigert werden. (Vgl. Baranowski et al. 2011) Auch *Re-Mission* sieht auf den ersten Blick wie ein gewöhnliches Computerspiel aus, richtet sich aber an Krebspatienten und hat nachweislich Erfolge dabei erzielt, die Einhaltung von Chemotherapien und anderen Behandlungsplänen zu verbessern. (Vgl. Kato et al. 2008)

Abb. 5 *Escape from Diab* (Quelle: http://www.escapefromdiab.com/. Zugriff: 05.03.2012)

Krankheiten spielerisch den Kampf ansagen: *Escape from Diab* ist nicht zu unterscheiden von herkömmlichen Computerspielen, dennoch geht es um viel mehr als bloß Unterhaltung. Den Unmengen von Fast Food gilt es zu widerstehen – (vor allem jugendliche) Spieler sollen durch das Spiel zu gesünderer Ernährung animiert werden.

Interaktive Spieltechnologien eröffnen in der Gesundheitsprävention und Behandlung von Patienten völlig neue Wege, Menschen zu motivieren – insbesondere solche, die auf traditionellem Weg schwieriger zu erreichen sind. Die Forschung steht in diesem Bereich noch am Anfang, aber es ist unschwer zu erkennen, dass mit Hilfe der mächtigen Technologie ein wirkungsvolles Werkzeug existiert, um menschliches Verhalten zu beeinflussen.

Bei den genannten Beispielen zur Prävention oder Heilung von Krankheiten geschieht dies zweifellos aus gutgemeinten Gründen. Aber ist gutgemeint auch immer gut? Sind nicht auch Fälle denkbar, bei denen hinter der Manipulation kein guter Wille steckt? Und werden solche Fälle mit der zunehmenden Verbreitung und immer einfacheren Nutzung von technischen Mitteln zur Manipulation nicht zwangsläufig vermehrt auftreten? Immer mehr Menschen und Organisationen werden mit Hilfe technischer Mittel Erfahrungen hervorrufen, die Menschen zu einem bestimmten Verhalten treiben. Gamification bahnt sich seinen Weg in immer mehr Aspekte unseres Lebens und immer geschieht dies aus dem Wunsch heraus, Verhalten in die eine oder andere Richtung zu lenken. Zunächst besteht jedes Spiel nur aus einer Reihe von Spielmechanismen wie Punkten und Trophäen, nicht immer ist auf den ersten Blick ersichtlich, worin die Manipulation besteht. Jedoch folgen Spiele nur einigen wenigen fundamentalen Prinzipien, die im Wesentlichen überraschend einfach sind. Versteht man diese Spielprinzipien, versteht man auch, warum und wie Verhalten beeinflusst werden kann. Im Kern geht es bei Gamification darum, Spielmechanismen und -dynamiken so zu kombinieren und auszugestalten, dass ein erwünschtes Verhalten seitens des Nutzers erreicht wird – und zwar nicht zufällig, sondern vorhersehbar. Kommt noch Technologie ins Boot, geht es auch immer darum, die angestrebte Verhaltensänderung zu automatisieren und dadurch auf eine größtmögliche Zahl von Menschen anzuwenden. Die oben angeführten Spiele im Gesundheitsbereich sind ein gutes Beispiel dafür – erwünscht ist eine massenhafte Verhaltensänderung: Der Verbreitung von Diabetes und Übergewicht soll entgegengewirkt werden und dies funktioniert nur, wenn möglichst viele Jugendliche ihre Gewohnheiten ändern. Gamification wirklich zu verstehen, kann daher nur über den Weg führen, Menschen und ihr Verhalten zu verstehen. Ein sehr einfaches und einleuchtendes Modell bietet B. J. Fogg, Professor für Psychologie an der Stanford University: Im »Fogg Behavior Model« (vgl. Fogg 2009) ist die Frage, ob sich ein Mensch für oder gegen ein bestimmtes Verhalten entscheidet, immer abhängig von folgenden drei Faktoren: Es bedarf einer hinreichenden Motivation (jemand muss einen guten Grund haben, etwas zu tun) und Fähigkeit (jemand muss das Gefühl haben, in der Lage zu sein, etwas zu schaffen, das heißt, er muss das nötige Talent und Können aufweisen, aber auch ausreichend Zeit haben etc.) sowie eines effektiven Triggers (ein Impuls oder Auslöser muss jemanden dazu bringen, etwas zu tun). Der wichtigste Aspekt dabei ist, dass Verhalten nur dann erfolgreich gesteuert werden kann, wenn alle drei Faktoren zeitgleich auftreten. Motivation allein, egal wie ausgeprägt sie auch sein mag, wird nicht zu einem erwünschten Verhalten führen, wenn Menschen die Fähigkeit fehlt, dieses auszuführen. Gleichzeitig gilt aber auch: Ist die Motivation nur hoch genug, dann werden Menschen über sich hinauswachsen und unglaubliche Dinge zustande bringen. Und ohne Trigger wird auch bei ausreichender Motivation und Fähigkeit das Verhalten nicht ausgeführt. Es braucht einen Anstoß, der die verschiedensten Formen annehmen kann – vom knurrenden Magen über einen Alarmton bis hin zu einer Ampel, die auf grünes oder rotes Licht springt. Zudem muss der Trigger bemerkt und mit dem erwünschten Verhalten assoziiert werden sowie dann auftreten, wenn wir sowohl motiviert als auch fähig sind, das Verhalten an den Tag zu legen.

Spiele sind optimale Mittel zur Verhaltensmanipulation

Man kann sich leicht vorstellen, dass Computerspiele vielerlei Möglichkeiten besitzen, auf diese drei Faktoren zur Verhaltensbeeinflussung einzuwirken. Mit dem positiven Feedback, das Spiele fortwährend durch das Ansammeln von Punkten, das Springen auf den nächsten Level oder die Anzeige des Fortschritts geben, erhöhen sie Motivation. Berücksichtigt man außerdem, dass Motivation zu einem großen Teil durch das Streben nach sozialer Akzeptanz entsteht, dann sind Computerspiele bestens zur Motivation gerüstet. Die soziale Komponente bei modernen MMOGs liefert eine weite Bandbreite von Methoden, um Menschen durch die Aussicht auf soziale Akzeptanz oder Ablehnung in ihrem Verhalten zu beeinflussen. Zudem verstehen Spiele es blendend, die wahrgenommene Fähigkeit an die Herausforderungen anzupassen, Spiele vertrauen ganz erheblich auf die Macht der Vereinfachung, indem sie große Aufgaben in Teilaufgaben zerlegen und sie so leichter handhabbar machen oder Informationen nur in leicht verdaulichen Häppchen füttern. Auch Trigger werden in Computerspielen exakt dann gesetzt, wenn sie den größten Effekt versprechen, nämlich immer dann, wenn sich Spieler motiviert fühlen und ein Übermaß an Können verspüren.

Mit diesem Erklärungsmodell liefert B. J. Fogg einen systematischen Weg, über die Faktoren, die menschliches Verhalten ausmachen, nachzudenken. Darauf aufbauend ist Gamification längst keine Reise durch Versuche, Irrtümer und zufälligen Entdeckungen, bei der Lösungen ausprobiert oder Erprobtes imitiert wird. Gamification – gleichgültig, in welchem Bereich es angewendet wird – ist sich exakt bewusst, welches Verhalten wie beeinflusst werden soll und auf welchem Weg dies erreicht werden kann. Ein ganz klares Ziel der Verhaltensbeeinflussung steht etwa hinter Spielen zur Verbesserung der Energieeffizienz: *Earth Aid* ist ein solches Spiel, das seine Teilnehmer in einen Wettbewerb um geringeren Stromverbrauch schickt. Dabei verpflichten sich die Spieler, Zugang zu ihren Stromrechnungen zu gewähren, und bei Unterschreitung bestimmter zugewiesener Energiebudgets werden Punkte verdient, die dann in Prämien eingetauscht werden können. Auf dem gleichen Spielprinzip beruht die iPhone App *JouleBug*, die im Rahmen eines Wettkampfs durch Vergabe von Punkten und sonstigen Belohnungen zu energiesparendem Verhalten motiviert. Durch die Verbindung solcher Anwendungen mit *Facebook* und *Twitter* entsteht echter Wettbewerb im Kampf um die geringsten Energiekosten. Nüchtern betrachtet klingt das Vergleichen von Energiekosten nicht nach großem Spaß, jedoch kommt hier die Kraft der Sozialen Medien zum Tragen: Wie oben schon angesprochen ist das Soziale ein großer Motivator – Menschen wollen dazugehören und Teil einer Gruppe sein. Das geht so weit, dass Menschen ihr Verhalten anpassen. Dies zeigt das berühmte Experiment, in dem jemand in den Himmel blickt, obwohl dort nichts Besonderes zu sehen ist. Nichtsdestoweniger bleiben Menschen stehen und richten ihren Blick ebenfalls himmelwärts. Das Experiment musste sogar abgebrochen werden, weil sich so viele Menschen den Himmelsguckern anschlossen, dass es einen Verkehrsstau zur Folge hatte. (Vgl. Cialdini 1993) Diese Beobachtung legt nahe: Sind die Energieverbrauchsdaten erst einmal öffentlich, werden die »Spieler« danach trachten, möglichst gut dazustehen, das heißt energieeffizient zu leben. Vergleiche funktionieren. Wenn allzu oft das Bekenntnis zu einem grünen Lebensstil ein bloßes Lippenbekenntnis bleibt, so sieht die Sache ganz anders aus, wenn das Verhalten plötzlich sichtbar wird, Vergleiche mit dem Verhalten anderer Menschen angestellt werden und die eigenen Bekenntnisse messbar werden. So hat es nachweisbar Auswirkungen auf den Energieverbrauch, wenn Personen nicht nur über den Verbrauch ihres eigenen Haushalts, sondern auch über denjenigen der ganzen Nachbarschaft Bescheid wissen. Opower, ein amerikanisches Unternehmen, das sich die Schaffung größerer Transparenz im Energieverbrauch auf die Fahnen geschrieben hat, versorgt Kunden von ausgewählten Energieversorgern mit eben solchen Informationen: Neben detaillierten Angaben, welche Geräte wie viel Strom im eigenen Haus fressen, zeigen die Reports auch, wie sich der Energieverbrauch im Vergleich zu den Nachbarn darstellt. Das Unternehmen konnte zeigen, dass Menschen Maßnahmen zum Energiesparen ergreifen, wenn sie solche Informationen erhalten.

Byron Reeves von der Stanford University schlägt nun vor, diesen Effekt für ein Energiespar-Spiel zu nutzen, indem die Daten von Smart-Metern in ein MMOG einbezogen werden. Intelligente Stromzähler erheben Verbrauchsinformationen und können diese in Echtzeit anzeigen, sodass jeder Haushalt größtmögliche Transparenz darüber hat, welche Geräte zu welcher Zeit wie viel Energie verbrauchen. Auf Basis dieser Kenntnis hat der Bewohner die Möglichkeit, den Verbrauch unmittelbar durch An- oder Ausschalten der betreffenden Geräte zu beeinflussen. Und diese Informationen sind Grundlage der Spielidee: Jedes Haus einer Gegend wird durch ein virtuelles Haus im Spiel dargestellt, und zwar samt Angaben zum Energieverbrauch, sodass jedermann weiß, in welchem Haus wie viel Energie verbraucht wird. Die Herausforderung besteht nun darin, in einen Wettbewerb mit den Nachbarn einzutreten und sein eigenes Haus grüner zu machen. Das virtuelle Haus verändert seine Energiebilanz durch Aktionen im echten Haus: Schaltet man das

Licht aus, färbt sich das Spielhaus ein bisschen mehr grün. So soll ein Wettbewerb ums Energiesparen entbrennen, und ruft man sich die Erfahrungen von *Opower* ins Gedächtnis, hat ein solches Energieeffizienz-Spiel durchaus Chancen, etwas zu bewirken. Gerade dabei zeigt sich jedoch sehr deutlich: Die intelligenten Stromzähler ermöglichen nicht nur ein Spiel zum Energiesparen, sondern bauen auch eine Informationsinfrastruktur auf, die dem Stromanbieter und jedem, der Zugriff zu diesen Daten hat, genauestens Auskunft über unseren Tagesablauf gibt: wann wir aufstehen, nach Hause kommen, in Urlaub sind, wann wir Wäsche waschen, kochen und fernsehen. Auch wenn solche Informationen auf den ersten Blick harmlos erscheinen, so öffnen sie in fremden Händen doch der Manipulation Tür und Tor.

Wenn es tatsächlich möglich sein sollte, das Energieproblem durch ein Computerspiel zu lindern – wer könnte etwas dagegen haben? Auf der anderen Seite leistet diese Macht, die in den riesigen durch die Spiele zustande kommenden Datensammlungen steckt, auch Befürchtungen Vorschub, die in Gamification das Aufziehen von neuen Überwachungs- und Kontrollmöglichkeiten sehen. Gamification ist nur ein Werkzeug; wie bei allen Werkzeugen jedoch kommt es darauf an, was sein Besitzer damit macht. Wird Gamification eingesetzt, um die Motivation von M<enschen zu bündeln und große Probleme zu lösen, oder wird Gamification genutzt, um Daten zu sammeln, Datenprofile anzufertigen und Verhalten zu beeinflussen, damit Einzelne sich bereichern? In jedem Fall aber ist klar: Gamification ist nicht aufzuhalten, und die Frage wird sein, ob wir uns noch aussuchen können mitzumachen oder nicht. Werden wir spielen müssen?

5 Was Gamification antreibt: Warum spielen wir?

Das Spiel ist so notwendig für das menschliche Leben, wie das Ausruhen.

Thomas von Aquin, Theologe und Philosoph, 1225–1274

Von der Wiege bis zur Bahre, vom Nord- bis zum Südpol: Gespielt wird von jedermann überall, das Spiel zieht sich durch alle Epochen und Kulturkreise. Die Geschichte des Spiels ist so lang wie die Menschheitsgeschichte selbst, gar als älteste Kulturtechnik kann man Spiele bezeichnen. Das Spiel ist die Quelle menschlicher Kreativität und Ausgangspunkt der Entwicklung des Selbst. Auch wenn Spiele oftmals als bloßes Nebenprodukt der kindlichen Entwicklung abgetan werden, als verzichtbarer Teil der Tagesgestaltung oder sinnloser Zeitvertreib: Spiel ist keine Spielerei! Und weil Spiel solch nicht zu unterschätzendes Gewicht zukommt, hat Martha Nussbaum, Philosophin und Professorin für Rechtswissenschaften und Ethik an der University of Chicago, Spiel (»play«) in ihrem »Capability Approach« (vgl. Nussbaum 2006: 69 ff.) in die Liste grundlegender menschlicher Befähigungen (»capabilities«) aufgenommen. Die zehn Punkte umfassende Liste vereint Grundbefähigungen, über die ein Mensch verfügen muss, um in seinem Menschsein nicht eingeschränkt zu sein, um die Möglichkeit zu einem gelingenden Leben zu haben. Spiel, als die Fähigkeit zu lachen, zu spielen und Freizeitaktivitäten zu genießen, steht dabei neben den so unermesslich wichtigen Fähigkeiten wie ein lebenswertes Leben zu leben und nicht frühzeitig sterben zu müssen, sich guter Gesundheit zu erfreuen, sich seiner fünf Sinne, seiner Phantasie und seines Intellekts zu bedienen, Bindung an Dinge oder Personen einzugehen, um nur einige Beispiele aufzuzählen. Schon wenn nur einer ihrer zehn Punkte nicht erfüllt ist, dann ist für Nussbaum ein gutes Leben nicht mehr sichergestellt. Der »Capability Approach« ist die theoretische Grundlage für den seit 1990 jährlich veröffentlichten Weltentwicklungsbericht (Human Development Report), der vom Entwicklungsprogramm der Vereinten Nationen

(United Nations Development Programme, UNDP) herausgegeben wird und die Aufgabe hat, die menschliche Entwicklung, insbesondere von Reichtum und Armut, aufzuzeigen.

Spielen gehört also untrennbar zum menschlichen Leben. Es ist diese immense Bedeutung des Spiels für den Menschen und weil der Mensch von Natur aus ein spielendes Wesen ist, warum Gamification solch große Potenziale innewohnen. Spielen macht den Menschen glücklich, weswegen es kaum ein besseres Mittel zur Motivation gibt. Dazu kommt heute noch, dass eine ganze nachwachsende Generation in virtuelle Welten eintaucht und mit Computerspielen groß wird. Gamification, die ohne Technologie kaum in derartigen Ausmaßen denkbar ist, stößt hier auf ihre eigene Zielgruppe. Spielen ist der mit Computerspielen groß gewordenen Generation Gaming zweite Natur, längst ist Spiel nichts mehr, was mit dem Entwachsen aus den Kinderschuhen abgelegt wird, Spielen ist Bestandteil des Lebens, die Grenzen zwischen Spiel und »Ernst« fallen. Die Generation Gaming hat eine spielerische Perspektive auf alle Bereiche ihres Lebens. Gamification erscheint als eine logische Folge dieses neuen Ausblicks auf das Leben. Die Vertreter der Generation Gaming wollen ihrer spielerischen Perspektive entsprechend angesprochen werden. Dies wird Wirtschaft und Gesellschaft verändern: Je mehr die spielende Generation ins Arbeitsleben eintritt, Verantwortung in Unternehmen übernimmt und selbst zum Kunden wird, wird ein anderer Wind wehen als bislang. Mit dem Joystick in der Hand aufgewachsen und damit Armeen befehligt, Städte gebaut und Phantasiewelten erobert habend, erwartet diese Generation Beteiligung. Sie ist es gewohnt, mitzumachen und Neues auszuprobieren. Daher ist nicht länger Aufmerksamkeit, sondern Engagement das knappe Gut der neuen Ökonomie der Partizipation. Und Gamification wird das Schmiermittel dieser neuen Ökonomie werden, denn nichts hat so starke Kraft, zum Mitmachen zu bewegen, wie Spiele.

5.1 Evolution und Entwicklung: Wir sind geborene Spieler

Rufen wir uns nochmals Bernard Suits' Definition von Spielen ins Gedächtnis, wonach ein Spiel das freiwillige Unterfangen ist, unnötige Hindernisse zu überwinden, so drängt sich förmlich die Frage auf: Warum stellen wir uns freiwillig unnötigen Herausforderungen? Warum spielen wir? Ein Blick auf die Evolutionsgeschichte legt nahe: Ohne Spiel ist menschliche Existenz nicht denkbar. Und holt man sich Bilder heranwachsender Jungtiere vor das geistige Auge, so wird auch hierbei offensichtlich, dass Spielen von der Evolution als fixer Bestandteil des Lebens vorgesehen ist.

Spielen ist Teil der menschlichen Entwicklung: Für die Lern- und Gedächtnisleistung, Stressbewältigung sowie das Wohlbefinden ist Spielen ebenso bedeutend wie alle anderen Aspekte des Lebens einschließlich Schlafen und Träumen. Seit jeher gehört Spielen zu unser aller Leben und es ist viel mehr als bloß Beschäftigung für Kinder, mehr als unernster Luxus. Spiel ist unabdingbar für neurologisches Wachstum und Entwicklung: Auf diese Art werden komplexe, gewandte, reaktionsfähige, sozialkompetente und kognitiv flexible Gehirne herausgebildet. Und dabei kommt besonders dem freien, also phantasievollen und unstrukturierten, Spiel eine tragende Rolle zu, weil hierbei nicht im Vorhinein Regeln festgelegt sind und Kreativität daher in besonderem Maße gefordert wird. Im Gegensatz zu regelbasierten Spielen wie etwa Fußball oder *Scrabble* wird beim freien Spiel die Entwicklung des Gehirns stärker gefordert, weil Kinder dabei immer wieder neue Aktivitäten und Rollen ausprobieren müssen. So notwendig Spielen auch sein mag, bei Hunger, Stress oder Krankheit sind Spiele das erste, was über Bord geworfen wird. Für Menschen und Tiere gleichermaßen sind lebhafte, spontane, mit ganzem Herzen ausgeübte Spiele also eine Art biologisches Extra.

Sind Spiele Luxus oder Notwendigkeit?

Wenn aber Spielen tatsächlich eine Extravaganz ist, schlichtweg der Verschwendungssucht der Natur entsprungen, warum ist Spielen dann so beharrlich bestehen geblieben? Wenn es keine adaptive Funktion oder zumindest irgendeinen Vorteil hätte, der die Kosten des Spiels kompensiert, wäre Spielen dann nicht den Kräften der natürlichen Selektion erlegen? Die Wissenschaft wirft einen Blick ins Tierreich und kommt zu mehreren Theorien als Erklärung für das Spielverhalten.

Spielen kann als Vorbereitung für das Erwachsenenleben betrachtet werden. Spiele bieten die Chance, lebensnotwendige Fähigkeiten zu lernen und auszuprobieren: Jagen, Laufen, Erforschen, Kämpfen. Anders als das echte Leben bieten Spiele eine sichere Umgebung, die Fehler verzeiht und keine Konsequenzen zeitigt.

Eine zweite Erklärung geht davon aus, dass Spielen einen viel tiefer gehenden, weniger offensichtlichen Zweck hat als die Generalprobe fürs Leben – Spielen könnte zum Wachstum und zur Entwicklung des Gehirns beitragen. So unterschiedlich Spiele auch sind, sie haben allesamt eines gemeinsam: Mannigfaltigkeit und Abwechslung. Es liegt im Wesen von Spielen, dass der Ablauf der Aktivitäten nicht festgezurrt ist, sondern immer wieder Neues auftaucht. Durch Spielen bilden junge Lebewesen daher ein vielfältiges und anpassungsfähiges Verhaltensrepertoire und ein flexibles Gehirn aus. Dies sind wichtige Voraussetzungen, um in einer sich ändernden Umwelt jeweils das passende Verhalten an den Tag zu legen. Spielen kann als Training für das Unerwartete betrachtet werden.

Schließlich könnte Spiel noch eine weitere evolutorische Funktion haben: Es hilft Lebewesen, mit ihren Existenzängsten umzugehen. Am ehesten wird sich in der Natur durchsetzen, wer an Möglichkeiten glaubt, wer Optimist und kreativer Denker ist, wer ein Gespür für Macht und Kontrolle hat. Fantasievolles Spielen erschafft eben solche Individuen. Die Evolution bevorzugt jene, die ihre Möglichkeiten ausnutzen. Daher kommt aus evolutorischer Sicht Spielen nicht nur dir Funktion zu, spezifische Fähigkeiten zu entwickeln, sondern auch einen Glauben an die eigenen Kapazitäten auszubilden.

Spielen ist also von der Natur vorgesehen. Auch wenn sich Inhalte und Komplexität von Spielen im Laufe unseres Lebens ändern – der Spaß daran bleibt, weil Menschen von Natur aus neugierig und lernbegierig sind und hungrig nach Erfolgserlebnissen. Spiele haben alle Inhaltsstoffe dessen, was Menschen wirklich glücklich und zufrieden macht: Sie sehnen sich danach, befriedigende Arbeiten mit konkreten Aufgabenstellungen zu erledigen, die als sinnvoll empfunden werden und einem nach getaner Arbeit das Gefühl geben, etwas vollbracht zu haben. Menschen genießen die Erfahrung, etwas gut zu können, eine Sache zu beherrschen und erfolgreich zu sein, einen Beitrag zu leisten, der von anderen wahrgenommen wird. Auch die Interaktion mit anderen Menschen trägt zu Glück und Zufriedenheit bei. Kaum etwas macht glücklicher als Zeit mit Menschen zu verbringen, die wir gerne mögen. Schließlich sucht der Mensch danach, Teil eines größeren Ganzen zu sein, das größere Bild zu sehen und zu gestalten, welches über unser eigenes Leben hinausreicht. Natürlich sind Spiele zuallererst Zeitvertreib und Unterhaltung, aber zusätzlich bedienen sie diese Sehnsüchte außerordentlich gut mit ihren Aufgabenhäppchen, die im besten Fall so ausgestaltet sind, dass sie – weder zu einfach noch zu schwierig – stets Herausforderungen für den Spieler darstellen und ihm bestenfalls ein Flow-Erlebnis verschaffen. (Der Psychologe Mihaly Csikszentmihalyi beschrieb 1975 in seiner Flow-Theorie den Zustand des Glücksgefühls, in den Menschen geraten, wenn sie gänzlich in einer Beschäftigung »aufgehen«. Durch fokussierte Aufmerksamkeit und eine Abgeschirmtheit gegenüber Ablenkungen zeichnet sich dieser Zustand durch den Verlust des Zeitgefühls und vollkommene Selbstvergessenheit aus.) Der

Spieler weiß immer genau, was zu tun ist, schließt eine Aufgabe ab, bevor er sich an die nächste macht, und erhält damit das Gefühl, etwas vollbracht zu haben. Feedback etwa durch Punkte oder das Erreichen eines neuen Spiellevels versorgen Spieler mit dem Gefühl, das Spiel zu meistern, gut darin zu sein und vielleicht sogar besser als die anderen. Moderne Online-Videospiele werden nicht mehr alleine gegen den Computer gespielt, sondern eine riesige Gemeinschaft versammelt sich vor Bildschirmen auf der ganzen Welt. Spiele stillen auch den Hunger nach Interaktionen und geben Spielern das Gefühl, gemeinsam mit anderen etwas geschaffen zu haben. Indem alle Spieler Teil einer großen Erzählung werden, an der sie auf verschiedenste Arten teilhaben, sind Spiele auch Weltmeister darin, das Verlangen nach dem Größeren, das über das persönliche Leben hinausreicht, zu stillen.

Spielen ist nichts anderes als Lernen

Der Game Designer Raph Koster findet eine schlichte, aber eingängige Antwort auf die Frage, warum uns Spielen Spaß macht: »Fun is just another word for learning.« (Koster 2005: 46) Auf das Lernen kommt es an. Der Spaß kommt mit der Beherrschung des Spiels, wir suchen die kognitive Herausforderung, das Erkennen von Mustern und Strukturen, das Lösen von Rätseln verschafft uns positive Gefühle. Sobald wir ein Spiel komplett beherrschen, sobald es uns keine Nüsse mehr zu knacken gibt und kein Lernerfolg beim Spielen einsetzt, wird das Spiel langweilig. Daher, so führt Koster weiter aus: »It is the act of solving puzzles that makes games fun. With games, learning is the drug.« (Koster 2005: 40) Und weil wir beim Spielen lernen, müssen die Herausforderungen, die uns geboten werden, auch stetig mit unseren Fähigkeiten steigen – ansonsten droht Langeweile. Auch diesen Zusammenhang hat der Psychologe Mihaly Csikszentmihalyi erkannt: Wir fühlen uns am besten, wenn die Herausforderungen, die uns begegnen, perfekt mit unseren Fähigkeiten übereinstimmen. Überfordern sie uns, drohen Stress und Frustration, unterfordern sie uns, droht Langeweile. Es ist immer die intrinsische Motivation, die uns beim Spielen bei der Stange hält. Daher müssen Spiele im Kontext von Marketing und Kundenbindung auch mehr offerieren als Punkte und Auszeichnungen: Niemals werden wir durch die Aussicht auf Belohnungen lange einem Spiel die Treue halten. Es kommt darauf an, dass Spiele ein gutes Design aufweisen, das so durchdacht ist, dass sich Herausforderungen und Spielerfähigkeiten die Waage halten, sodass wir immer wieder die Erfahrung von Kompetenz und Können machen. Spiele zu spielen muss aus dem Inneren kommen, dem eigenen Antrieb geschuldet sein, nicht durch

Belohnungen »erkauft« werden. Denn voraussehbare, erwartete Belohnungen (»wenn du das tust, erhältst du so und so viel Geld/Punkte«) verringern die intrinsische Motivation von Menschen, genau dies zu tun. Der Schuss geht also nach hinten los. Denn wann immer jemand Belohnungen für ein bestimmtes Verhalten austeilt, fühlen sich Menschen von eben jener Person kontrolliert und erleben einen Verlust von Autonomie. Zudem nimmt die Belohnung für ein (fremd)bestimmtes Verhalten dem Unterfangen seine Freiwilligkeit. Wie schon Mark Twain erkannt hat: »Work consists of whatever a body is obliged to do. Play consists of whatever a body is not obliged to do.« Ein Spiel ist nur dann ein Spiel, wenn man sich freiwillig darauf einlässt – ansonsten haben wir es mit Arbeit zu tun. Dazu kommt noch, dass Belohnungen das Signal aussenden, die Tätigkeit, für die sie verteilt werden, sei es nicht wert, um ihrer selbst willen getan zu werden.

5.2 Generation Gaming: Leben auf der virtuellen Spielwiese

Im Laufe der 1970er-Jahre eroberten die Videospielkonsolen und sodann mit der Verbreitung der Personalcomputer in den 1980ern die Computerspiele die Kinderzimmer. Damit hatte ein in der Geschichte einmaliges Phänomen seine Geburtsstunde: Eine ganze Generation eignete sich Wissen an und bildete spezifische Fähigkeiten aus, mit denen sie ihrer Elterngeneration eine Nasenlänge voraus waren. Plötzlich konnten Eltern den Interaktionen auf den Bildschirmen ihrer Kinder nicht mehr folgen und diese machten sich auf in eine völlig neue Welt – ohne ihre Eltern. Kinder dieser Generation sind mit einer komplett anderen Art des Spielens aufgewachsen als alle Generationen zuvor: Videospiele haben sowohl die Kindheit dieser Generation als auch die Kinder selbst geprägt. Die grundlegenden Änderungen auf dem Feld der Technologie – auf dem Videospiele einen bedeutenden Bestandteil ausmachen – haben radikal und nachhaltig die Art und Weise verändert, wie diese Generation denkt, lernt, arbeitet, kommuniziert und Informationen verarbeitet. Die lebhafte, schnelle, grafische, intensive Welt der digitalen Spiele weckt neue Bedürfnisse und Präferenzen. Die Computerspieler von damals sind heute erwachsen und viele von ihnen spielen immer noch – dabei mögen sich die Spiele gewandelt haben, die Faszination bleibt die gleiche. Computerspiele sind also heute keine »Kinderspiele« mehr. Weder der vorrangige Nutzerkreis noch ihre Komplexität, Thematik und Ausgereiftheit rechtfertigen diese Bezeichnung. Computerspiele haben sich im Laufe ihres – noch recht jungen – Lebens grundlegend gewandelt: Mit den Anfängen der Videospiele und ihren pixeligen Bildern haben die heutigen Spiele nicht mehr viel gemeinsam. Heute erzählen Videospiele fantastische Geschichten, nehmen die Spieler in eine andere Welt mit unzähligen Abenteuern mit und ergründen als auch übertreten gesellschaftliche Konventionen. Videospiele ziehen die verschiedensten Menschen in ihren Bann, sprechen die unterschiedlichsten mentalen und sozialen Fähigkeiten an und sind fester Bestandteil der Lebenswelt von Menschen, die mit ihnen aufwuchsen und von klein auf viel Zeit mit ihnen verbrachten.

Die Generation Gaming der nach 1970 Geborenen kennt keine Welt ohne Videospiele, sie wuchs damit auf als Teil ihrer Kultur. Wurden Spiele von Generationen davor als Ablenkung und Unterhaltung betrachtet, so ist Spielen für sie fester Bestandteil des Lebens. Nichts von all den Bits und Bytes, die sie umgeben, wird von der jüngeren Generation als »Technologie« aufgefasst, das Digitale umgibt sie so selbstverständlich, dass es als Teil der natürlichen Umwelt betrachtet wird. Digitale Technik – und dazu gehören ganz wesentlich auch Computerspiele – ist jungen Menschen heute so selbstverständlich wie ihren Eltern Wählscheibentelefone und Autos waren. Dass sich die Generation Gaming in virtuellen Welten zu Hause fühlt und dort erhebliche Zeit verbringt, zieht eine gewaltige Zäsur zu allen vorhergehenden Generationen nach sich: Die kumulierten artifiziellen Erfahrungen unserer Gesellschaft werden immer weiter zunehmen, während die echten Erfahrungen abnehmen werden, weil sich unser digitales Leben immer weiter auf Kosten des analogen Lebens ausweitet. Und Spielen ist ein großer Teil davon.

So selbstverständlich wie Videospiele dieser Generation sind, sehen sie diese als probates Mittel, um Probleme zu lösen, sich mit anderen Menschen zu verbinden und die eigene Identität zu entdecken. Wie mit Herausforderungen umgegangen wird, Risiken bewertet werden und zwischenmenschlicher Umgang erfolgt – all dies ist wesentlich beeinflusst durch die Welt der Spiele. Videospiele verlangen Spielern heute so unterschiedliche Aktionen ab wie Zivilisationen zu zerstören, moralische Entscheidungen zu treffen, historische Auseinandersetzungen mitzuerleben oder sich um virtuelle Haustiere zu kümmern. Spiele werden mit jedem Tag mächtiger und nehmen einen bedeutenderen Platz im Leben vieler Menschen ein. Von Kindesbeinen an hat die Generation Gaming unzählige Rätsel gelöst, Städte gebaut, Unternehmen geführt, Flugzeuge, Hubschrauber und Panzer gesteuert, Kriege geführt – und all dies nicht nur einmal, sondern immer und immer wieder, über Tage, Wochen und Monate hinweg, bis sie das Handwerk wirklich beherrschte. Ist es daher verwunderlich, dass diese Generation ihr Leben und ihre Arbeit ein klein wenig wie ein Spiel sieht? Sie ist den Wettbewerb gewohnt und sieht viele Lebenssituationen daher im Lichte von »Gewinnen« oder »Verlieren«. Sie ist optimistischer und entschlossener, Probleme – welcher Art auch immer – zu lösen, denn Spiele lehren, dass es immer eine bestimmte Kombination von Zügen gibt, die letztlich zum Erfolg führt. Hierarchien steht sie deshalb kritisch gegenüber, sie ist zuversichtlich und selbstsicher und vertraut lieber auf die eigenen Kräfte. Im Vertrauen auf die eigenen Fähigkeiten steht sie Risiken gelassen gegenüber, ohne aber waghalsig zu sein. Videospieler wissen, dass Fehler und Misserfolge zu überstehen sind, weil jeder von ihnen zuvor schon unzählige Fehlschläge in Abenteuerwelten erlebt hat.

Dabei ist Spiel natürlich nicht gleich Spiel. Obwohl die Wissenschaft gerade erst damit beginnt, einen Zusammenhang zwischen bestimmten Spielgenres und speziellen Effekten auf die persönliche Entwicklung herzustellen, so kann doch heute schon grob gesagt werden, dass Actionspiele eher Ursache-Wirkungs-Analysen trainieren, während Abenteuer- und Simulationsspiele die Fähigkeiten zum Schlussfolgern, Hypothetisieren und Vorausdenken anregen.

Computerspiele werden zur zweiten Muttersprache

Verwundert es daher, dass die Generation Gaming als Resultat dieser »Allgegenwart der Videospiele« und ihrer intensiven Auseinandersetzung damit auf fundamental andere Weise denkt und Informationen verarbeitet als sämtliche ihrer Vorgänger-Generationen? Dass diese Generation die digitale Sprache von Computern, des Internets und von Videospielen wie eine Muttersprache beherrscht, hat zu veränderten Denkstrukturen geführt. Wie gut auch immer die vorangegangenen Generationen sich die Sprache des Digitalen aneignen, sie werden nie zu den Kenntnissen der Generation Gaming aufschließen und immer einen »Akzent« beibehalten. Schon 1968 benannte der kanadische Medientheoretiker Marshall McLuhan, der den Siegeszug des Internets gar nicht mehr miterlebte, diesen Unterschied in der »Sprache« durch den Einzug neuer Technologien. Die Neuerungen auf dem technologischen Feld verursachen zwei großen Gruppen Schwierigkeiten: jenen, die komplett der Welt der »alten Technologie« entstammen, sowie jenen, die jeweils mit einem Fuß in einer verschiedenen technologischen Welt aufgewachsen sind – nicht aber jenen, die mit der neuen Technologie groß geworden sind. Nach McLuhan ähneln Menschen, die der Welt der »alten Technologie« entstammen, sehr stark Blinden, die ihr Augenlicht wieder erlangen. Haben sie sich zuvor mit

t-, Gehör- und Geruchssinns gut zurechtgefunden, wird die
lichen Stimulation durch Bilder nicht als Bereicherung emp-
m Gegenteil: Sie sehnen sich manches Mal nach der relativen
eit ihrer früheren Welt zurück. Die zweite Gruppe, also dieje-
der alten und neuen Technologie aufgewachsen sind, ist nicht
s, dennoch fühlt sie sich orientierungslos angesichts der neuen
. Nicht so die dritte Gruppe: Diejenigen, die die neue Techno-
desbeinen an begleitet und die keine andere Welt kennen, fühlen
echnologie ganz und gar wohl.

Einwirkung äußerer Einflüsse auf Menschen keineswegs ohne
n – auch physiologischer Natur – bleibt, lässt sich auch wissen-
legen. Als Neuroplastizität wird das Phänomen bezeichnet, dass
eine eigene Struktur und Organisation veränderten Grundlagen
erungen anpasst. Galt das Gehirn lange Zeit als starr festgelegtes,
unver.... iches Organ, so weisen neuere wissenschaftliche Erkenntnisse
exakt in die Gegenrichtung. So haben Wissenschaftler etwa herausgefunden,
dass das Aufwachsen in verschiedenen Kulturen nicht ohne Auswirkung auf
die Entwicklung der Gehirne bleibt. Die Umgebung und Kultur, in der Menschen aufwachsen, bestimmt nicht nur, was sie denken, sondern auch wie sie
dies tun.[1] Bislang herrschte die Auffassung vor, dass Logik, Gedächtnis und
Wahrnehmung für das Meistern des Alltags für alle Menschen dieselbe Rolle
spielen. Dem ist jedoch keineswegs so: Erhalten Menschen aus ihrer Umwelt,
die durch Kultur ebenso wie Medien bestimmt wird, verschiedene Inputs, so
werden sie auch verschiedenartig denken. Warum also sollten Videospiele als
Teil der digitalen Welt, die einen bedeutenden Anteil am Leben der jüngeren
Generation hat, keinen Einfluss auf das Denken haben? Mit der zunehmenden Verbreitung von Computerspielen hat auch eine gesellschaftliche Diskussion über ihren Nutzen und Nachteil eingesetzt, die zum Teil recht polarisiert
geführt wird. Auf der einen Seite werden Computerspielen destruktive Wir-
kungen vor allem auf Heranwachsende nachgesagt, die von Konzentrations-
störungen über die Verdrängung anderer als wertvoller erachteter Freizeitaktivitäten (z.B. draußen spielen, lesen etc.) bis hin zu gesteigerter Aggression
reichen. Auf der anderen Seite werden Computerspielen aber auch positive
Effekte zugemessen, weil Videospieler ganz bestimmte Fähigkeiten ausbilden,
wie etwa die Interpretation von Bildern als Repräsentation dreidimensionalen Raums, das selbständige Herausfinden von Strukturen und Regeln durch

---

1)   Vgl. etwa Nisbett (2003), der von einer fundamentalen Unterschiedlichkeit westlicher und
      asiatischer kognitiver Stile spricht und zeigt, dass Denkprozesse kulturell geprägt sind.

Beobachtung, Trial- and-Error und Austesten von Hypothesen, geteilte Aufmerksamkeit auf verschiedene Dinge zu richten (z.B. mehrere Orte gleichzeitig zu beobachten) oder die schnelle Reaktion auf erwartete wie auch als
unerwartete Stimuli.

Computerspiele verändern unser Denken und Handeln

Natürlich hat auch schon das Fernsehen der Generation davor »Gehirnände-
rungen« zugefügt, aber die Auswirkungen von Spielen, also interaktiven
Technologien, haben heute eine andere Qualität: Die Generation Gaming ist
aktiver Teilnehmer, nicht bloß passiver Beobachter. Diese Generation will
Nutzer sein und nicht nur Zuhörer oder Zuschauer. Von früh an lernen
Gamer heute das befriedigende Gefühl, das in der Macht liegt, Aktionen aus-
zuführen und die Resultate dieser Entscheidungen unmittelbar zu erleben.
Interaktivität mag auch der Grund sein, warum diese Generation Internet
und Videospiele dem Fernseher vorzieht. Wann immer diese Generation
Unterhaltung sucht, wird diese auf die eine oder andere Art interaktiv sein.
Die Generation Gaming lebt in einer interaktiven Welt.

Wie genau unterscheidet sich nun diese Generation von Spielern voriger
Generationen? Marc Prensky, Game Designer für die Bereiche Bildung und
Lernen, identifiziert zehn Änderungen im kognitiven Stil:

1. Die Vertreter dieser Generation sind fähig, mit schnelleren als den »normalen« Geschwindigkeiten umzugehen.
2. Mehr als eine Sache gleichzeitig zu erledigen, fällt ihnen nicht schwer.
3. Hypertext bestimmt ihr Denken, das heißt, der Zugang zu Informationen ist weniger sequenziell, Gedankengänge nicht linear, es wird nicht
   Schritt für Schritt vorgegangen, vielmehr folgt der Zugang zu Informationen einer eigenen Logik, es wird schlicht »den Links gefolgt«.
4. Während in früheren Generationen Grafiken und Bilder den Zweck der
   Illustration verfolgten, lediglich Beiwerk zum Text waren, hat sich für
   die Generation Gaming dieses Verhältnis beinahe umgekehrt: Text spielt
   nur noch die Rolle, etwas zu erläutern, was zuerst als Bild wahrgenommen wurde.
5. Die Generation Gaming ist vernetzt aufgewachsen. Die modernen Technologien erlauben es, andere immer und überall zu kontaktieren. Dies
   verändert die Weise, wie Informationen beschafft und Probleme gelöst
   werden, denn für die Generation Gaming ist die immerwährende Verfügbarkeit von Informationen vollkommen selbstverständlich: Ein Blick

ins Internet – und das mobil! – genügt und man erhält augenblicklich Antworten auf alle Fragen.

6. Die Generation Gaming will Kontrolle über das, was passiert. Ihre Vertreter sind keine passiven Zuschauer, sondern aktiv Beteiligte.

7. Arbeit wird als Spiel betrachtet; die Herangehensweise folgt den Regeln von Spielen: Ziele erreichen, gewinnen, Gegner schlagen.

8. Gamer erwarten klares Feedback und direkte Belohnungen für Aktionen, Geduld ist ihre Sache weniger. Große Intoleranz herrscht gegenüber Dingen, die sich nicht in der erwarteten Art und Weise direkt auszahlen.

9. Fantasiewelten sind nicht mehr auf das Kindesalter beschränkt, sondern spielen auch im Erwachsenenalter eine große Rolle. Die Grenze zwischen Fantasiewelt und Realität verschwimmt.

10. Technologie ist nicht länger etwas, das man fürchtet, toleriert oder im besten Falle für seine Zwecke nutzt – Technologie ist der Freund, an den man sich immer schon gewandt hat, wenn man Spiel, Spaß und Entspannung suchte. (Vgl. Prensky 2001: 52)

Es sind diese Unterschiede und Eigenheiten der neuen Generation, die förmlich nach dem Einzug von Spielen in die verschiedensten Lebensbereiche schreien. Denn Spiele werden all diesen Eigenschaften gerecht. Spiel und Lernen, Spiel und Arbeiten, Spiel und viele andere Facetten unseres Lebens werden zusammenrücken und eins werden.

Computerspiele als »dritte Orte«

Welch große Bedeutung Videospiele im Leben vieler Menschen erlangt haben, zeigen auch die riesigen Communitys, die in virtuellen Welten und rund um MMOGs bestehen. Da es die Eigenheit von MMOGs ist, dass die Teilnehmer in reger Interaktion und Kommunikation stehen, bildet sich ein weit verzweigtes Netz an sozialen Beziehungen. Dabei ist der Austausch derart ausgeprägt und die Anzahl der in virtuellen Welten interagierenden Menschen so groß, dass man sich fragen muss, ob MMOGs die Quelle neuen Sozialkapitals sind. Die Verbreitung von Medien wie Fernsehen und später der neuen Medien wie Internet und Videospiele hat immer wieder die Angst vor möglichen negativen Auswirkungen auf die soziale Verfassung der Gesellschaft hervorgerufen. Am treffsichersten auf den Punkt gebracht werden diese Befürchtungen durch Robert D. Putnams (2000) Thesen: Das Bild vom »Bowling Alone« umschreibt seitdem die Sorge, dass Medien zunehmend soziale und bürgerschaftliche Institutionen verdrängen. In seinem gleichnamigen Buch beschreibt der nordamerikanische Politikwissenschaftler Robert David Putnam den Verfall des Sozialkapitals in den USA seit den 1960er-Jahren, weil immer mehr Zeit mit passiven, wenig Engagement abfordernden Medien verbracht wird, was auf Kosten jener Zeit geht, die herkömmlich auf unerlässliche gemeinschaftsbildende Aktivitäten verwandt wurde. »Bowling Alone« ist im Lichte des Aufstiegs des Fernsehens entstanden und viele argumentieren, dass internetbasierte Medien eine Ausnahme zur (umstrittenen) Theorie Putnams bilden: Zum einen wird die Fähigkeit des Internets betont, Menschen durch die Überbückung von Zeit und Ort zu verbinden und so zur Bildung von sozialen Netzwerken und persönlicher Kommunikation beizutragen; auf der anderen Seite wird herausgestellt, dass durch die Entstehung von »Pseudogemeinschaften« im Netz echte Gemeinschaften verdrängt werden. Wahrscheinlich liegt die Wahrheit irgendwo dazwischen: Im Internetzeitalter bildet sich eine neue, hybride Form von Gemeinschaft heraus, die Aspekte der mediengestützten Interaktionen mit konventionellen sozialen Interaktionen verbindet, um neuen Bedürfnissen danach, sowohl im engeren Lebensumfeld als auch weltweit vernetzt zu sein, gerecht zu werden. Es sind also vielfältige Blickwinkel auf die sich durch die neuen Technologien ergebenden Herausforderungen für Gemeinschaften möglich; zumeist jedoch kommt bei der Diskussion ein differenzierender Blick auf das Internet zu kurz. Online Technologien ermöglichen ein breites Spektrum an verschiedenartigen Aktivitäten: von der Informationsrecherche und dem Musikdownload über den Besuch von Chatrooms und die Korrespondenz mit Freunden und Familie bis hin zum Spielen von MMOGs in virtuellen Welten. Zur Prüfung von Putnams Thesen empfiehlt sich daher, bestimmte Tätigkeiten in den Blick zu nehmen und nicht sämtliche Möglichkeiten, die das Internet offeriert, in einen Topf zu werfen. Speziell MMOGs sind ein Medium, das die »Bowling Alone«-These neu herausfordert, sind hier doch die Voraussetzungen des passiven, engagementlosen Medienkonsums nicht gegeben und kommen völlig neuartige soziale Beziehungen zustande.

Bei der Bildung von Gemeinschaften kommt öffentlichen Orten eine wichtige Rolle zu, also jenem physischen Rahmen, der soziale Interaktion überhaupt zulässt – jene Netzwerke, die soziale Systeme erst ausmachen, können nur entstehen, wenn es Orte für Zusammenkünfte gibt. Daher sind in diesem Zusammenhang auch die Studien des US-amerikanischen Soziologen Ray Oldenburg (1989) interessant, der sich mit dem Verschwinden bestimmter, öffentlich zugänglicher Orte in den USA befasste, die seiner Auffassung nach für Gemeinschaften aller Art bedeutend sind. Cafés, Bars, Buchläden,

Friseure und ähnliche Orte, an denen sich Menschen sammeln, nannte er »third places«, die neben dem eigenen Zuhause (»first place«) und dem Arbeitsplatz (»second place«) frequentiert werden. Oldenburg begriff die »dritten Orte« als unverzichtbare Verbindungsglieder zwischen Individuum und Gesellschaft, die zugleich ein »soziales Zuhause« darstellen, an denen sich Menschen abseits von Familie und Arbeit in Anwesenheit von anderen aufgehoben fühlen. Oldenburg hatte bei seiner Analyse vor allem die amerikanischen Vorstädte im Auge, denen »dritte Orte« mit ihren beiden Voraussetzungen der örtlichen Nähe (»walking«) und der Gelegenheit zum Gespräch (»talking«) weitgehend fehlen: Die Möglichkeiten für lose Kontakte zu anderen jenseits von Heim und Arbeitsplatz sind im Abnehmen begriffen, so sein Resümee.

Sind nicht MMOGs mit ihren riesigen Communitys, in denen gemeinsam an der Lösung von Problemen getüftelt wird, in denen reiche Interaktion stattfindet, Menschen sich treffen und kommunizieren – wenn auch virtuell – nicht ein Beleg dafür, dass es gar nicht so schlecht steht um unser Sozialkapital (Putnam) und das Vorhandensein »dritter Orte« (Oldenburg)? Zwar mag es richtig sein, dass Kegelvereine an Bedeutung verlieren, aber dafür entstehen andere Räume, in denen soziale Netzwerke gesponnen werden. Können MMOGs und andere virtuelle Umgebungen als »dritte Orte« verstanden werden? Wirft man einen Blick auf die von Oldenburg definierten Charakteristika »dritter Orte« (vgl. Steinkuehler/Williams 2006), so spricht einiges dafür, dass sich – zumindest für die Generation Gaming – mit MMOGs neue Räume für soziale Interaktion und Beziehungen bilden. Zunächst sind »dritte Orte« *neutraler Boden* mit relativ geringer Zutrittsschwelle: Jeder kann nach Belieben kommen und gehen, ohne Verpflichtungen gegenüber den anderen Anwesenden eingehen zu müssen. Dabei fungieren sie als *»leveller«*, das heißt »dritte Orte« übergreifen Generationen sowie Schichten und sorgen dafür, dass Unterschiede in Rang und Status nicht ins Gewicht fallen. Die Teilnahme ist an keinerlei Voraussetzungen, Rollenzugehörigkeiten, Pflichten oder Mitgliedschaften geknüpft. Im Zentrum »dritter Orte« steht die *Konversation*. Sie sind einfach *zugänglich und einladend*. Stets ist eine bestimmte *Anzahl von Stammgästen* anwesend, die dem »dritten Ort« ihre spezielle Atmosphäre verleihen und anziehend auf Neulinge wirken. Vom Äußeren her wirken »dritte Orte« *schlicht* und nicht überheblich, die herrschende Stimmung ist eine spielerische, es herrscht Leichtfertigkeit und Witz, wohingegen Ernsthaftigkeit »dritten Orten« ein Gräuel ist. Und schließlich sind »dritte Orte« ein *Zuhause außerhalb des Zuhauses*: Sie bieten Verwurzelung, ein physisches Zentrum, das unser Kommen und Gehen organisiert und an dem wir bekannte Gesichter treffen und ungewöhnliches Fernbleiben auffällt.

Überträgt man diese Charakteristika auf die Welt der MMOGs, so ergeben sich beachtliche Übereinstimmungen: In Online-Welten erfolgt die Interaktion vermittelt über Avatare, die ohne Einladung und Verpflichtung an den MMOGs teilnehmen. Dort findet – vergleichbar dem Sport – eine Einebnung von Status und Rollenzugehörigkeiten aus dem »richtigen Leben« statt: Erfolg stellt sich ausschließlich aufgrund des innerhalb des Spiels bewiesenen Geschicks, Talents und Fleißes ein und bleibt völlig unbeeinflusst von Status und Rolle außerhalb des Spiels. MMOGs bieten konstante Konversation über eine Vielzahl an verschiedenen Kanälen: sowohl »One-to-many«- als auch »One-to-one«-Interaktion erfolgt pausenlos und ist allgegenwärtig. MMOGs sind frei zugänglich für alle, vorausgesetzt man verfügt über die dazu notwendige technische Ausstattung. Vor allem die Mitglieder der Gilden[2] bilden ein Stammpublikum in der virtuellen Welt des MMOGs und bestimmen durch ihre häufige Interaktion den Umgangston und die Atmosphäre. Auch wenn neue Spieler hinzukommen, wird durch die stete Präsenz der Mitglieder der Gilden Konstanz gewahrt. Per definitionem sind MMOGs spielerisch und für viele Spieler bilden sie einen Fixpunkt im Tagesablauf, man trifft auf bekannte Spieler, deren Nichterscheinen bemerkt und hinterfragt wird. Während also jede Form der Verpflichtung vermieden wird, so bestehen doch Regelmäßigkeiten, die ein Gefühl von »Zuhause« und Aufgehobenheit geben.

Für die Generation Gaming sind MMOGs zusätzliche Lebensräume, die Oldenburgs Definition »dritter Orte« recht nahekommen. Zwar ist weniger zu erwarten, dass sich in der Spielwelt tiefe, affektive Beziehungen bilden, was zum einen an der örtlichen Verteilung der Spieler liegt, zum anderen aber auch an der Eigenart »dritter Orte« selbst, jedoch entstehen schwache soziale Netzwerke, die aus Menschen verschiedenster Herkunft bestehen, welche sich in dem von Oldenburg beschriebenen Umfeld mit gleichen Ausgangsbedingungen für alle treffen. Als »dritte Orte« werden Spiele selbstverständliche Bestandteile des Lebens von Menschen – so selbstverständlich wie der Aufenthalt in Cafés, Restaurants oder im Fitnesscenter ist.

---

2) »Gilde« ist die Bezeichnung für einen Zusammenschluss mehrerer Personen innerhalb von Online-Videospielen, die sich gegenseitig helfen und häufig auch sehr freundlich und freundschaftlich miteinander umgehen.

5.3 Ökonomie der Partizipation: Mitmachen ist alles

Heute sind Erlebnisse und Erfahrungen eigenständige wirtschaftliche Angebote. Unternehmen müssen ihren Kunden längst mehr bieten als ein funktionelles Produkt, Wettbewerbsvorteile werden nur noch errungen, bieten die Unternehmensangebote auch vergnügliche und genüssliche Erfahrungen. In unserer Zeit des Hyperkonsums steht längst nicht mehr die Anhäufung von Besitztümern im Mittelpunkt, sondern bleibende Erinnerungen werden nachgefragt. Die enorme Angebotsvielfalt, ausgeweitete Konsummöglichkeiten sowie die Ablösung vorgegebener durch gestaltbare Lebensumstände in unserer Gesellschaft führen zu erweiterten Möglichkeiten für jedermann und damit zu einem Wandel von Lebensanschauungen. Unternehmen haben es vor diesem Hintergrund mit einem grundlegend veränderten Konsumentenverhalten zu tun, das auf einer starken Erlebnisorientierung fußt. In unserer »Erlebnisgesellschaft« (Schulze 2005) verfolgen die Menschen das »Projekt des schönen Lebens«: Die heutige Lebensauffassung dreht sich um die »Gestaltungsidee eines schönen, interessanten, subjektiv als lohnend empfundenen Lebens« (Schulze 2005: 37). Glück, Spaß und Genuss werden zum Paradigma des Handelns. Zudem ist die aufgeschobene Befriedigung der Bedürfnisse veraltet, die Spaßgesellschaft sucht nach dem Kick im Hier und Jetzt. Die Menschen sind auf der Suche nach positiv bewerteten Erlebnissen und diese werden »nicht bloß als Begleiterscheinungen des Handelns angesehen, sondern als dessen hauptsächlicher Zweck« (Schulze 2005: 41). Die Auswahl von Angeboten erfolgt stets erlebnisorientiert, der Erlebniswert wird gegenüber dem Gebrauchswert zum entscheidenden Faktor der Kaufmotivation.

Auch die beiden US-amerikanischen Autoren Joseph Pine II und James H. Gilmore (1999) formulieren in ihrem gleichnamigen Buch das Heraufziehen einer »Experience Economy«, die als nächste Entwicklungsstufe auf Agrar-, Industrie- und Dienstleistungswirtschaft folgt. Am Beispiel eines Geburtstagskuchens zeichnen die Autoren nach, wie diese ökonomische Entwicklung vonstatten ging: Um einen Kuchen zu backen, rührte man einst Rohstoffe wie Eier, Mehl, Zucker von Hand zusammen und stellte daraus den Geburtstagskuchen her. Im Industriezeitalter wurde dieser Vorgang weiter »industrialisiert«, als Fertigbackmischungen aufkamen und die Rohstoffe für Konsumenten immer mehr an Bedeutung verloren. Man sparte schließlich Zeit und Arbeit, wenn auch nicht Kosten, indem aus der vorgefertigten Mischung blitzschnell der Kuchen zubereitet wurde. Mit der aufkommenden Dienstleistungsgesellschaft wurden dann – zumindest in den USA – zu Hause überhaupt keine Geburtstagskuchen mehr gebacken, stattdessen wurde eine Bäckerei beauftragt, einen wundervoll verzierten Geburtstagskuchen herzustellen. Diese Dienstleistung kostet zwar mehr als der selbst gebackene Kuchen, dafür bleibt mehr Zeit für die Planung und Vorbereitung der Geburtstagsfeier. In der Erlebnisökonomie von heute geht es gar nicht mehr so sehr um den Kuchen selbst, dieser ist nur Bestandteil des »Erlebnisses«. Daher wird heute die gesamte Geburtstagsfeier ausgelagert: Unternehmen werden beauftragt, nicht nur einen Geburtstagskuchen beizubringen, sondern die gesamte Party auszurichten. Für Pine und Gilmore (1999: 20 ff.) drückt dieses Beispiel aus, was sie die »Progression des ökonomischen Werts« nennen: Jedes Angebot – von den reinen Zutaten (Rohstoff) über die Backmischung (Produkt) und den fertigen Kuchen (Dienstleistung) bis hin zur organisierten Party (Erlebnis) – stellt einen gesteigerten Wert dar, weil es jeweils ein Quäntchen mehr dem entspricht, was der Kunde wahrlich wünscht: eine unvergessliche Geburtstagsparty. Für Unternehmen ist das Angebot von Erlebnissen eine Möglichkeit, der Kommodifizierung von Produkten und Dienstleistungen zu entkommen, genauso wie Dienstleistungen als Mittel zur Differenzierung in Märkten von Massenprodukten gelten und Fertigprodukte einen Mehrwert gegenüber Rohstoffen bedeuteten. Soll der Erlebnisfaktor zum entscheidenden Wettbewerbsvorteil werden, bedeutet dies aber auch: Die Interaktion zwischen Kunde und Unternehmen muss im Vergleich zum reinen Angebot von Produkten und Dienstleistungen zunehmen. Erst im Austausch mit dem Kunden kann erörtert werden, welche Erfahrungen dieser wünscht, unter welchen Umständen er ein Unternehmensangebot als Erlebnis empfindet. Der Kunde wird aktiv in den Wertschöpfungsprozess eingebunden, er ist nicht länger bloß Abnehmer einer einseitig definierten und produzierten Leistung, sondern wird zum Partner des Unternehmens. Erlebnisse sind nur im Zusammenspiel erreichbar.

Kommunikation ist heute keine Einbahnstraße mehr

Aber es gibt noch mehr Indizien dafür, dass Mitmachen zur Regel wird. Innovation beispielsweise läuft längst nicht mehr in von der Außenwelt abgeschirmten Laboren ab, Unternehmen gehen heute nach draußen und greifen auf die Ideen der Internetgemeinde zu. Und Werbung und Unternehmenskommunikation sind ohnehin schon lange keine Einbahnstraße mehr: Welcher Konsument will sich heute noch von Werbebotschaften berieseln lassen?

Menschen möchten sich vielmehr beteiligen und in ein Gespräch eintreten. So nehmen in der Unternehmenswelt von heute etwa Crowdsourcing und andere Formen der massenhaften Zusammenarbeit im Internet eine prominente Stellung ein. Das Internet hat sich vom reinen Lesemedium zum Mitmach-Netz gewandelt. Viele Unternehmen machen sich das Phänomen der Schwarmintelligenz und den Drang zur Beteiligung zunutze und integrieren das Engagement der Nutzer in ihre Geschäftsprozesse. So werden zum Beispiel Prognosemärkte eingesetzt, um Vorhersagen für die Zukunft zu treffen, indem eine große Menge an Informationen verschiedenster Individuen gesammelt wird, die sodann aggregiert – wie James Surowiecki (2004) in seinem Buch »The Wisdom of Crowds« gezeigt hat – unter bestimmten Umständen zu akkurateren Ergebnissen führt als die Einschätzung einer Handvoll Experten. Mit Hilfe des verteilten Wissens der Masse können etwa ökonomische Entwicklungen (z.B. Zinssätze), politische Entwicklungen (z.B. Wahlergebnisse), Markt- und Branchenentwicklungen (z.B. Wettbewerberverhalten, Marktwachstum) und unternehmensbezogene Entwicklungen (z.B. Preis- und Absatzprognosen, Entwicklungskosten und -dauer sowie Umsatzpotenzial von Produktinnovationen, Produkt-Launch-Termine, Einhaltung von Projektterminen) frühzeitig vorhergesagt werden. Außerdem entstehen allerorten Märkte für Open Innovation: Anstatt sich im Innovationsprozess alleinig auf die unternehmenseigene Forschungs- und Entwicklungsabteilung zu verlassen, werden externe Problemlöser und Ideengeber in den Innovationsprozess integriert. Hierbei ergeht ein offener Aufruf zur Mitwirkung an eine große, unbegrenzte und undefinierte Menge an Akteuren. Eine zentrale Rolle kommt in der Praxis den Kunden zu: Sie kennen die bisherigen Produkte und haben ein echtes Interesse an der Mitwirkung. Open Innovation wandelt die Rolle des Kunden von derjenigen des passiven Konsumenten zu jener eines aktiven Wertschöpfungspartners. Aber auch werden Brainstorming-Plattformen wie beispielsweise *atizo* eine immer größere Rolle spielen. Dabei sammeln Unternehmen zu aktuellen Fragestellungen die Ideen der Internetgemeinde ein. Der Ablauf ist denkbar einfach, dafür umso effizienter: Das Unternehmen stellt eine Frage auf der *atizo*-Plattform ein, jedermann kann sowohl Antworten geben als auch die Antworten anderer Beteiligter kommentieren und bewerten, schließlich werden die besten Einfälle ausgewählt und prämiert. Und nicht nur Ideen werden auf diese Art und Weise von der Masse der Internetnutzer eingesammelt, sondern auch deren Arbeitskraft wird angezapft. *Amazons* »Mechanical Turk« ist nur ein Beispiel, wie über das Internet Mikroaufgaben erledigt werden, die nicht automatisierbar sind, an Menschen aber geringe Herausforderungen stellen. Auch die kreative Leistung von Menschen wird massenhaft eingesammelt, wie dies etwa *Threadless* zur Gestaltung von T-Shirts tut.

Und nicht zuletzt die sozialen Medien verstärken den Hang zum Mitmachen, die Lust, sich zu beteiligen: Unternehmenskommunikation kommt immer weniger ohne interne Wikis aus, soziale Netzwerke für Mitarbeiter werden ins Leben gerufen und herkömmliche Medien sind in den verschiedenen sozialen Medien vertreten. All dies zeigt, dass Kommunikation keine Einbahnstraße mehr ist. Überall entstehen Netzwerke, die von der Partizipation der Massen leben. Menschen wollen heute – vor allem im Internet – mitreden und mitgestalten. Es kommt heute vor allem auf Interaktivität an – nicht zuletzt, weil die Generation Gaming dies von Kindesbeinen an gewöhnt ist.

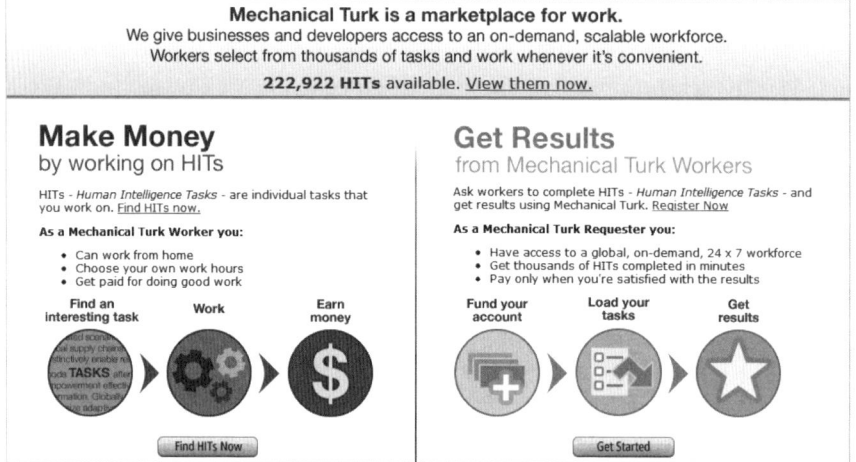

Abb. 6 *Mechanical Turk* (Quelle: https://www.mturk.com/mturk/welcome. Zugriff: 05.03.2012)

So leicht ist Arbeitssuche im Internet: *Amazons Mechanical Turk* eröffnet Unternehmen Zugang zu einer Heerschar billiger Freizeitarbeiter im Netz und gibt jedermann die Möglichkeit, flexibel zu arbeiten, wann immer und woran immer er dies möchte. *Mechanical Turk* ist eine Crowdsourcing-Anwendung, die seine Arbeiter bezahlt – viele andere solcher Plattformen bieten als Gegenleistung nichts anderes als Spaß durch Spiele.

Crowdsourcing, Mass Collaboration, kollektive Intelligenz und Soziale Medien und Netzwerke – das sind die Schlagwörter, die die Zukunft beschreiben, in der Mitmachen groß geschrieben wird. In dieser Ökonomie der Partizipation ist Beteiligung die knappe Ressource, um die sich der Wettbewerb der Unternehmen dreht. Wir haben es längst nicht mehr mit einer Aufmerksamkeitsökonomie zu tun – die bloße Aufmerksamkeit zu erreichen ist nicht mehr genug, es geht darum, Menschen zum Mitmachen zu bewegen, deren Energie, Zeit, Arbeits- und Denkkraft zu erreichen, um letztlich ihr Engagement zu ernten. Denn Unternehmen und Kunden ziehen immer mehr an einem Strang, sie treffen sich nicht erst auf einem anonymen Markt, sondern Kunden sind von Anfang an involviert, wissen Bescheid und verlangen ein Mitspracherecht.

Engagement wird zur knappen Ressource

Die verschiedensten Beispiele zeigen heute, wie die massenhafte Zusammenarbeit im Internet für die unterschiedlichsten Ziele eingesetzt wird – wissenschaftlich, sozial, kommerziell, bürgerschaftlich –, aber immer ist das Vorgehensmodell das gleiche: Organisationen, die die Weisheit der Vielen für sich arbeiten lassen, versuchen stets, große, stabile Communitys zu schaffen, die in ihrer Gesamtheit fähig sind, wertvolle Daten, Ideen oder Inhalte zu kreieren. Da insbesondere Unternehmen immer mehr auf die Arbeitskraft ihrer (potenziellen) Kunden vertrauen, um Werte zu schaffen, sind wir in ein neues Zeitalter der Kundenansprache eingetreten: Es reicht nicht mehr aus, lediglich die Aufmerksamkeit der Menschen auf sich zu ziehen, darüber hinaus muss das Engagement der Menschen gewonnen werden, das Angebot muss als mitmachenswert empfunden werden. Und hier stehen Unternehmen heute vor einem speziellen Problem: Je mehr solcher Crowdsourcing- und Mitmach-Modelle entstehen, desto schwieriger wird es für das einzelne Unternehmen, das Engagement von Nutzern auf das eigene Unternehmen zu lenken, denn auf Seiten der Nutzer steht nur ein beschränktes Maß an Zeit, Arbeitskraft und Interesse zur Verfügung. Immer mehr Möglichkeiten zur Online-Kollaboration tun sich auf, gleichzeitig bleibt unser persönliches Engagementpotenzial konstant. Auf wie viele Projekte kann ein Individuum seine Kräfte konzentrieren, bevor es einige Projekte wieder aufgibt und andere gänzlich ablehnt? Der Wettbewerb um das Engagement der Menschen im Mitmach-Web nimmt stetig zu. Wie gewinnen Unternehmen in diesem Wettbewerb einen Vorteil und vereinen das größtmögliche Maß des zur Verfügung stehenden Engagementpotenzials auf die eigenen Anliegen? Warum beteiligen sich Menschen an der einen Plattform und nicht an einer anderen? Warum wenden Menschen überhaupt Zeit und Arbeitskraft auf, um etwas zu schaffen, für das sie keine Gegenleistung erhalten?

Zur Klärung dieser Fragen erscheint ein Blick auf die Motivation der freiwilligen Arbeitskräfte als hilfreich. Die Praxis zeigt: Es ist nicht Geld, das

Menschen dazu bringt, ihre Zeit und Arbeitskraft in den Dienst anderer zu stellen. Sich Gemeinschaften anzuschließen, an einem größeren Ganzen mitzuarbeiten, einen Beitrag zu etwas zu leisten, das über den persönlichen Horizont des eigenen Lebens hinausreicht, liegt im Wesen von Menschen begründet. Es ist schlichtweg das Streben nach Glück, das Menschen veranlasst, sich für fremde Zwecke zu engagieren. Martin Seligman (2002), Hauptvertreter der Positiven Psychologie, einer Forschungsrichtung innerhalb der Psychologie, die sich mit der Frage beschäftigt, was das Leben lebenswert macht, ist überzeugt davon, dass Glück erlern- und gestaltbar ist. Für Seligman hat Glück drei Dimensionen, die kultiviert werden können. Am wenigsten trägt das »angenehme Leben« (»Life of Pleasure«), das auf die Maximierung von Vergnügen und Genuss abzielt, zur Zufriedenheit bei, weil es zu einem großen Teil erblich bedingt ist und sich durch das Streben nach »immer mehr« schnell in einer »hedonischen Tretmühle« verbraucht. Beim »engagierten Leben« (»Life of Engagement«) geht es um das völlige Aufgehen in einer Tätigkeit, bei der man seine individuellen Fähigkeiten einbringen kann und darüber die Zeit um sich vergisst.[3] Das »sinnerfüllte Leben« (»Life of Meaning«) schließlich ist der Sinnsuche gewidmet und zielt darauf ab, seine Tugenden und Stärken in den Dienst einer höheren Sache zu stellen. Obwohl die drei Dimensionen nicht gleichermaßen zum Lebensglück beitragen, so wird doch am glücklichsten sein, wer auf allen drei Hochzeiten gleichzeitig tanzt.

Welche Lehre können nun Organisationen, die im Mitmach-Web Erfolg haben wollen, aus der Glücksforschung ziehen? Um das Engagement der Menschen für das eigene Angebot nutzbar zu machen, müssen emotionale Anreize zur Beteiligung geschaffen werden. Die weitaus mächtigste Währung

---

3)   Seligmans »Life of Engagement« basiert auf den Arbeiten des Psychologen Mihaly Csikszentmihalyi. In seiner »Flow«-Theorie beschrieb er 1975 den Zustand des Glücksgefühls, in dem Menschen geraten, wenn sie gänzlich in einer Beschäftigung »aufgehen«: Wenn ein Mensch mit seiner Tätigkeit verschmilzt, seine Aufmerksamkeit fokussiert und abgeschirmt ist gegenüber Ablenkungen, dabei die Zeit und sich selbst vergisst und eine Balance zwischen der äußeren Anforderung und seinen persönlichen Fähigkeiten besteht, dann fühlt sich der Mensch glücklich und losgelöst von allen Problemen. Die Voraussetzung für das Auftreten von »Flow« ist jedoch, dass sowohl die Anforderungen als auch die Kompetenzen überdurchschnittlich hoch sind. Bei zu hoher Anforderung und unterdurchschnittlicher Kompetenz resultieren Überforderung und Angst; bei umgekehrten Voraussetzungen sind Unterforderung und Langeweile die Folge. Logische Konsequenz dieser Erkenntnisse ist, die gesamte Lebenswelt so zu organisieren, dass Menschen immer wieder vor neuen Herausforderungen stehen, die aber ihre Fähigkeiten nicht beängstigend übersteigen. Dabei kann »Flow« bei den vielfältigsten Gelegenheiten entstehen: bei der Arbeit, beim Sport, aber auch bei Computerspielen.

ist heute nicht Geld, sondern positive Emotion: Sich stolz und clever zu fühlen ist heute oftmals ausreichender Lohn für die Beteiligung. Ein Umdenken ist daher angesagt: Wir sind in dem Glauben aufgewachsen, dass Geld als Gegenleistung für Arbeit die höchste Motivation ist, aber tatsächlich lehrt uns die Realität nun das exakte Gegenteil. Diejenigen Projekte der Massenkollaboration weisen die höchste Beteiligung auf, die ohne finanzielle Kompensation auskommen – man denke nur an den unglaublichen Erfolg der Online-Enzyklopädie *Wikipedia*.

Positive Emotionen zu schaffen im Austausch gegen Partizipation – nichts besser als exakt dies können Spiele. Daher ist es nur logisch, will man seiner Zielgruppe Engagement abfordern, auf die Integration von Spielmechanismen zurückzugreifen. Warum Menschen spielen, dem können höchst unterschiedliche Motivationen zugrunde liegen: die Erfahrung eines Abenteuers und der damit verbundene Adrenalinschub, eine geistige Herausforderung und das Gefühl, diese zu bewältigen und zu beherrschen oder einfach die Suche nach Erholung und Abwechslung vom Alltag. Als kleinsten gemeinsamen Nenner könnte man definieren: Menschen spielen, um Einfluss auf ihre innere Erfahrungswelt zu nehmen. So hat etwa Nicole Lazzaro (2004), Gründerin der Beratungsgesellschaft *XEODesign*, die sich seit über zwanzig Jahren mit Emotionen und Spielererfahrungen in Videospielen befasst, in einer empirischen Studie eine Vielzahl unterschiedlicher Beweggründe für das Spielen von Computerspielen gefunden und daraus vier Wege, wie Spiele zu mehr Engagement führen, destilliert:

» Hard Fun« – Frustration und »Fiero«:
Das Meistern von Herausforderungen ist für viele Spieler der Grund, warum sie spielen. Emotionen entstehen durch die Verfolgung eines bestimmten Ziels. Der Spieler bewegt sich dabei stets zwischen Frustration und »Fiero« (ein dem Italienischen entliehener Begriff, der das Gefühl eines persönlichen Triumphes ausdrückt – »Ja, ich hab's geschafft!«) – je frustrierter dabei der Spieler ist, desto intensiver wird der Moment des »Fiero« sein. »Hard Fun« fordert die Kreativität heraus, um Strategien zu entwickeln und anzuwenden. Der Spieler kann Fähigkeiten austesten, wird belohnt durch Rückmeldungen zu Fortschritt und Erfolgen und erhält das Gefühl, etwas geleistet und bewältigt zu haben.

» Easy Fun« – Neugierde, Staunen und Überraschung:
Spiele wecken den Sinn für Neugierde, sie nehmen Spieler mit in aufregende Abenteuer und verlangen die vollständige Aufmerksamkeit. Spieler werden inspiriert zu Erkundungen, verschiedene Optionen zu prüfen und

mehr herauszufinden. Ambiguität, Unvollständigkeit und eine Vielzahl von Details fügen sich zu einer lebhaften Welt zusammen und versetzen den Spieler in Erstaunen.

- »Serious Fun« – Spannung und Entspannung:
  Spiele können die Art und Weise ändern, wie Spieler denken, fühlen und sich verhalten – gespielt wird zur Herbeiführung von Empfindungen wie Aufregung oder Erleichterung. Spiele werden so gewissermaßen zur Therapie: Langeweile wird durch den Reiz des Spiels vertrieben.

- »People Fun« – Unterhaltung, soziale Interaktion und Schadenfreude:
  Spiele sind Vehikel für soziale Erfahrungen. Spieler genießen die Unterhaltung, die Wettbewerb, Teamwork sowie der Möglichkeit zur sozialen Verbindung und der persönlichen Anerkennung des Spiels mit anderen entspringt.

Ebenfalls empirisch fundiert ist das Motivationsmodell für Online-Spiele von Nick Yee (2006a), US-amerikanischer Forscher mit Schwerpunkt auf Online-Spiele und virtuelle Welten, das ebenfalls einen Eindruck davon gibt, wie vielfältig die Motivationen sind: Die verschiedensten Menschen spielen Spiele aus den verschiedensten Gründen, weswegen ein und dasselbe Spiel höchst unterschiedliche Bedeutungen für und Auswirkungen auf verschiedene Menschen haben kann. Nick Yee widerspricht damit dem vereinfachenden Bild, das man sich landläufig vom Gamer macht. Nach Yee existieren drei Motivationstypen, die sich jeweils in mehrere Untertypen aufgliedern lassen:

- »Achievement«
  beschreibt zum einen den Wunsch, Macht zu erreichen, im Spielverlauf schnell voranzuschreiten und Symbole für Reichtum und Status zu sammeln (»Advancement«). Des Weiteren zählen hierzu das Interesse, die zugrunde liegenden Regeln und das Spielsystem zu analysieren, um die Spielergebnisse zu optimieren (»Mechanics«) sowie der Wettkampfgedanke, also andere herauszufordern und sich mit ihnen zu messen (»Competition«).

- »Social«
  umfasst alle kommunikativen und interaktionistischen Prozesse des Spiels, also insbesondere den Wunsch, anderen zu helfen und sich mit ihnen auszutauschen (»Socializing«), langfristige und bedeutungsvolle Beziehungen zu formen (»Relationship«) sowie Befriedigung zu ziehen aus dem eigenen Beitrag zu einer Gruppenanstrengung (»Teamwork«).

»Immersion«
bezeichnet das völlige Aufgehen im Spiel. Dazu zählen das Auffinden und Wissen um Details, die den meisten anderen Spielern unbekannt sind (»Discovery«) und das Hineinschlüpfen in eine Rolle, in der man mit anderen interagiert und sich eine improvisierte Geschichte entspinnt (»Role-Playing«) sowie das Anpassen der Erscheinung des imaginären Charakters (»Customization«). Außerdem wird die Online-Spielumgebung zur Flucht vor Problemen in der realen Welt benutzt (»Escapism«).

Wie auch immer solche Typologien der Motivation zum Spielen im Detail aussehen, sie halten allesamt eine Lehre für Unternehmen und sonstige Organisationen bereit, die in der neuen Kultur der Partizipation das Engagement ihrer Zielgruppen erreichen möchten: Gemeinschaften müssen so gestaltet werden, dass sie möglichst viele der obengenannten Motivationsfaktoren beinhalten. Konkret bedeutet dies: Wer aktive Beteiligung ernten möchte, muss die Möglichkeit zur Interaktion sowohl mit der Organisation selbst als auch unter den Beteiligten geben, das Gefühl vermitteln, Teil eines größeren Ganzen zu werden, Neugierde und Einbildungskraft entfesseln, das Vertrauen in die eigenen Fähigkeiten stärken – oder schlicht Unterhaltung bieten.

6 Was die Zukunft bringt: Szenarien und Anwendungsbereiche

Atome spalten ist ein Kinderspiel, verglichen mit einem Kinderspiel.

Albert Einstein, Physiker, 1879–1955

Die unzähligen Beispiele, wie Spielmechanismen heute schon außerhalb der Spielwelt eingesetzt werden, zeigen deutlich, dass Gamification ein bedeutender Zukunftstrend ist, der nicht ohne Effekte auf Wirtschaft und Gesellschaft bleibt. Obwohl Gamification heute noch in den Kinderschuhen steckt, so gibt es doch auch bereits eine Menge von Beispielen, die Unglaubliches mit Hilfe von Spielmechanismen zustande bringen.

Die folgenden Abschnitte sollen daher Streifzüge durch eine »verspielte Zukunft« sein. Die ausgewählten Anwendungsbereiche und Beispiele sollen den Blick auf die neuen Möglichkeiten richten und einen Eindruck davon geben, wohin die Reise gehen könnte.

6.1 Spiele im Unternehmenskontext: Aus Spiel wird Ernst

Führt man sich die Ziele von Gamification vor Augen – ein höherer Grad an Engagement, Bewirken von Verhaltensänderungen, Förderung von Innovation –, dann ist es kein Wunder, dass Unternehmen unter den Ersten waren, die das Konzept für sich entdeckten. Bietet der Ansatz für sie doch jede Menge Potenzial: Spiele haben die Macht, das Engagement der Kunden zu gewinnen, was den Weg zu höherer Kundenloyalität ebnet; Spiele stacheln die Mitarbeiterleistung an, weil viele Aufgaben, die ehedem langweilig waren, nun spielerisch gelöst werden können; und schließlich bieten Spiele eine Möglichkeit, mit Hilfe von Crowdsourcing Arbeitsleistung »auszulagern«, weil Spiele jene kritische Masse liefern, ohne die solche Maßnahmen nicht erfolgreich sind. In vielerlei Hinsicht bietet Gamification also jede Menge neuer Chancen zur Verbesserung der unternehmerischen Leistung, weil Gamification einige Mängel der »echten« Welt heilt, die Unternehmen auf dem Weg zu Spitzenleistungen gewöhnlich immer wieder Steine in den Weg legen. So verkürzen Spiele Feedbackzyklen drastisch, was das Engagement aufrechterhält. Menschen mögen unmittelbare Rückmeldung auf Leistungen und eben dies liefern Spiele – im Gegensatz zu jährlichen Evaluationsgesprächen. Spiele setzen klare Ziele und haben deutlich definierte Spielregeln – auch dies ist ein Unterschied zur herkömmlichen Arbeitswelt, wo unscharfe Ziele und uneinheitlich angewandte Regeln oftmals dazu führen, dass sich Mitarbeiter unmotiviert fühlen. Spiele verwandeln langweilige, wenig ansprechende Aufgaben in ein spannendes Abenteuer – Mitmachen ist garantiert. Spiele brechen die oft überwältigenden und langfristigen Ziele der Arbeitswelt in kleine überschaubare Häppchen herunter – Motivation und Engagement bleiben dadurch aufrechterhalten, weil jede Aufgabe machbar erscheint.

Ob Gamification tatsächlich jenes Wundermittel ist, das es vorgibt zu sein, bleibt abzuwarten. Das IT-Marktforschungsunternehmen *Gartner* (2011) jedenfalls prophezeit Gamification im Unternehmensumfeld eine vielversprechende Zukunft. So sagen die Analysten voraus, dass 50 Prozent aller Organisationen, die mit Innovationsprozessen befasst sind, diese bis zum Jahr 2015 mit Hilfe von Gamification optimieren werden. Bis 2014 werde Gamification im Bereich von Konsumgütermarketing und Kundenbindung ebenso bedeutend wie dies heute *Facebook*, *eBay* oder *Amazon* sind, und 70 Prozent der 2000 größten Organisationen der Welt werden zumindest eine mit Spielmechanismen versehene Anwendung im Einsatz haben.

Punkte, Auszeichnungen und Ranglisten: Ein Blick in die Zukunft des Marketings

In der Marketingwelt reicht es schon lange nicht mehr aus, lediglich die Beachtung (potenzieller) Kunden auf die eigene Marke zu ziehen. Die aufgeklärten Kunden von heute greifen nicht mehr automatisch zu jenem Produkt, dessen Macher in Werbekampagnen am eindrucksvollsten um ihre Gunst gebuhlt haben, die am lautesten waren und den bleibendsten Eindruck hinterlassen haben. In der informationsüberfluteten Welt haben Unternehmen die Fähigkeit verloren, dem Kunden einzureden, was er braucht und welche Präferenzen er hat. Kunden entscheiden heute selbstbestimmter, haben Zugang zu viel mehr Informationen und machen sich lieber bei Freunden und Bekannten schlau als sich durch Werbung manipulieren zu lassen. Nie war die Macht von Empfehlungen so groß wie heute: Mund-zu-Mund-Propaganda wird durch die modernen Kommunikationsmöglichkeiten zu einem Instrument, das im

Verhältnis zwischen Unternehmen und Kunde einen großen Teil der Macht dem Kunden in die Hände legt. Kunden tauschen sich in sozialen Netzwerken im Internet aus, erkundigen sich in Webforen und geben selbst Empfehlungen und Bewertungen ab. Die bisherige Werbestrategie, die Kommunikation als Einbahnstraße auffasste, verfängt in einer solchen Situation schon lange nicht mehr. Unternehmen müssen sich vielmehr in diesen immer und überall stattfindenden Kommunikationsfluss einbringen, indem sie nicht nur senden, sondern auch zuhören. Heute wird daher um die aktive Beteiligung von Kunden gekämpft: Nicht nur sollen Kunden Notiz nehmen, sondern sich aktiv mit der Marke auseinandersetzen, sich tiefer einlassen auf das Angebot eines Unternehmens – oftmals wünschen Kunden dies ja selbst. Nur eine solch aktive Beteiligung kann anhaltende Kundenbeziehungen, Markennähe und -loyalität schaffen. Und kann man sich ein besseres Modell vorstellen als ein gut gemachtes Spiel, um eben diese Beteiligung zu erreichen? Gamification kann Partizipation in fast jedweder Form kreieren: Kauf eines Produkts, wiederkehrende Besuche der Verkaufspunkte – sei es online auf der Webseite oder offline im Laden –, Eingehen von E-Mail- oder sonstiger Kommunikation, Ausfüllen von Fragebögen, Abgeben von Produktbewertungen und -empfehlungen, Lesen von Artikeln, Betrachten von Fotos und Videos und vieles mehr. Auch können Spiele wertvolle Einsichten in das Kundenverhalten bieten: Die Analyse von Spieleraktivitäten kann sodann in die Gestaltung neuer Marketinginitiativen einfließen. Im Unternehmen der Zukunft, das immer weniger nach unmittelbarer, kurzfristiger Umsatzgenerierung, sondern zunehmend nach Kundenloyalität und nachhaltigen Erfolgen strebt, wird es darum gehen, Gamification so einzusetzen, dass durch den Spaß am Spiel Marken in das Leben der Kunden einfließen. Spaß und Unterhaltung werden zum Wettbewerbsvorteil und zukünftig stärker ins Zentrum rücken, wenn es um die Schaffung von Kundenzufriedenheit geht. In der Vergangenheit bedeutete Kundenzufriedenheit, dass ein Produkt funktionierte, dass es einfach zu bedienen war und den gewünschten Zweck erfüllte. Dies kann inzwischen als Mindestmaß gelten, welches Unternehmen zu erreichen haben. Zufriedene Kunden wollen heute mehr. Immer stärker suchen sie über den eigentlichen Produktnutzen hinaus nach Erfahrungen und Erlebnissen. In unserer erlebnisorientierten Gesellschaft sind Menschen heute auf der Suche nach dem »schönen Leben«: Glück, Spaß und Genuss leiten den Einzelnen an und nicht zuletzt der Konsum von Produkten und Dienstleistungen soll Chancen auftun, Interessantes und Schönes zu erleben. In der Zukunft wird daher Kundenzufriedenheit immer mehr auch bedeuten, dass eine Leistung Spaß gemacht und Unterhaltung geboten hat. Und was wäre dazu besser geeignet als Spiele?

Loyalitätsprogramme setzten immer schon auf Spielmechanismen

Dass das Marketing zur Kundenbindung Spielmechanismen einsetzt, ist freilich nichts Neues. Auch wenn man manche Aktionen der Kundenbindung bislang nicht als Spiel wahrgenommen hat, die Spielmechanismen sind doch unverkennbar vorhanden. Loyalitätsprogramme wie etwa Vielfliegerprogramme weisen gleich eine ganze Reihe davon auf: Mit jedem Flug verdient man Meilen (Punkte), die man für Freiflüge oder andere Geschenke einlösen kann. Neben der Belohnung mit Gütern enthalten Vielfliegerprogramme aber auch noch eine zusätzliche Belohnungsdimension: Status (Levels). Dieser macht sich in zusätzlichen Privilegien (z. B. Zugang zu Lounges, Vorteile beim Check-in oder sonstige bevorzugende Behandlung) bemerkbar und wird durch spezielle Kundenkarten nach außen demonstriert (Badges). Keine andere Kraft befördert Loyalität und Engagement derart stark wie Status. Die Geschichte der Loyalitätsprogramme reicht sogar noch viel weiter zurück: Vorläufer der Vielfliegermeilen war die gute alte Rabattmarke, die zu den frühesten Erscheinungsformen von Kundenbindungsmaßnahmen zählt und Kunden zu wiederholten Ladenbesuchen und Einkäufen verleiten sollte. Die Geschichte der Rabattmarke begann in den USA bereits Ende des 19. Jahrhunderts; etwas später wurden sie in Deutschland eingeführt, ihre beste Zeit erlebten sie hierzulande in der Nachkriegszeit. Mitte der 1970er-Jahre kam das Sammeln der Rabattmarken langsam aus der Mode und erst mit der Verbreitung des Internets und der Erfindung der Chipkarten erlebte das System in einer moderneren Form eine Renaissance. In diese Zeit fiel auch die starke Ausbreitung von Vielfliegerprogrammen, die Meilenpunkte beinahe in den Rang einer eigenen Währung heben. Die bislang letzte Phase in dieser Entwicklung ist mit *Foursquare* erreicht, das virtuelle Auszeichnungen für das »Einchecken« an bestimmten Orten und händlerübergreifend Prämien (der echten Welt) vergibt.

Man mag natürlich Zweifel hegen, ob herkömmliche Loyalitätsprogramme, die nach dem Muster der alten Rabattmarken (»Kaufe zehn und bekomme eines geschenkt«) gestrickt sind, tatsächlich als Spiele zu qualifizieren sind. Spielmechanismen hin oder her – Kunden werden sich wahrscheinlich über den Freiflug freuen, aber macht ihnen das Meilensammeln wirklich Spaß? Es ist alleinig die Prämie, die das Kundenengagement findet, nicht das Programm – deshalb ist auch kaum von einer tieferen Kundenbindung oder -loyalität auszugehen. Zudem sehen sich die meisten dieser Programme in ihren Grundzügen zum Verwechseln ähnlich. Wie komplex diese Systeme auch gestaltet sein mögen – im Wesentlichen kommt beim Kunden an: Tu' dies und du bekommst das. Damit setzen die Programme auf rein extrinsische Motivation, die nicht den gewünschten Effekt bringen wird. Dazu kommt noch, dass die Revolution der sozialen Medien auch den Kunden verändert hat: Er erwartet mehr als Geschenke, er will Insiderinformationen, spezielle Privilegien und die Möglichkeit, sich in einer Markencommunity zu engagieren.

Loyalitätsprogramme werden umdenken müssen und dabei kann Gamification wertvolle Anregungen geben. Der Fokus bei der Gestaltung dieser Programme lag bisher immer sehr stark auf den Prämien – dabei geht es dem modernen Kunden viel stärker um Beziehungen. Die erfolgreichsten Loyalitätsprogramme werden zukünftig jene sein, die nicht nur die großartigsten Belohnungen in Aussicht stellen, sondern ebenso echte Vorteile aus der Unternehmen-Kunden-Beziehung bieten. Es wird dann mehr so sein, dass die Kundenbeziehung im Mittelpunkt der Loyalitätsprogramme steht und Prämien lediglich eine Nebenrolle spielen. Solche Programme zur Kundenbindung werden erst dann ihrem Namen gerecht und wahre Loyalität erzeugen, wenn nicht länger extrinsisch, sondern viel stärker intrinsisch motiviert wird – weil andauernd nur so menschliches Verhalten beeinflusst werden kann. Das heißt, dass es gelingen muss, für den Kunden über die Geschenke hinaus eine Bedeutung aus dem Mitmachen entstehen zu lassen. Das Mitmachen an sich muss den Kunden fesseln und selbst in irgendeiner Weise als befriedigend erlebt werden. Dabei dürfen Punkte, die im Zentrum der meisten Loyalitätsprogramme stehen, nicht länger nur Mittel zum Zweck sein, vielmehr muss das Sammeln von Punkten – wie bei jedem guten Spiel – für sich einen Wert darstellen. Der Prozess des Punktesammelns muss als Spiel gestaltet werden, bei dem das Sammeln, also Spielen, ebenso vergnüglich ist wie das Gewinnen, also Einlösen.

Aber wie schaffen Spiele es, intrinsisch zu motivieren und Spieler freiwillig für sich zu gewinnen und ihr Interesse langfristig zu halten? Wie kommen die interessanten Herausforderungen zustande, die ein gutes Spiel von einem schlechten Spiel und echtes Gamification von der bloßen »Punktifizierung« – dem Vergeben von Punkten oder sonstigen Belohnungen für erwünschtes Verhalten – unterscheiden? Zum einen setzen Spiele Ziele. Im Falle von Golf, das Bernard Suits in »The Grasshopper« (1978) zur Veranschaulichung als Beispiel heranzieht, heißt das Ziel: Befördere den Ball in das Loch. Das Beispiel zeigt schon, dass Ziele nicht alles sein können, was ein gutes Spiel ausmacht. Den Ball zu nehmen und ihn in das Loch zu werfen, wäre eher langweilig. Daher gehören auch Regeln zu jedem guten Spiel. Beim Golf verbieten es die Regeln, den Ball einfach aufzuheben und in das Loch zu legen, vielmehr muss der Ball von einem bestimmten Punkt aus mit bestimmten Schlägern geschlagen werden und danach muss von dem Punkt, an dem der Ball landet, auf eben diese Weise weitergespielt werden. Zusammengenommen mit der unterschiedlichen Ausgestaltung der verschiedenen Golfplätze entsteht durch Ziel und Regeln eine große Anzahl abwechslungsreicher, interessanter Herausforderungen. Fügt man dem Spiel dann noch klares Feedback hinzu, also etwa Wertungen oder Ranglisten, dann werden Spieler Erfolgserlebnisse haben. Das Beispiel zeigt ganz klar: Punkte sind wichtig, um den Wettbewerb anzustacheln, um sich selbst einzuordnen, sie sind aber nicht der eigentliche Inhalt des Spiels. Und ebenso verspricht es größere Erfolge, stellt man nicht Punkte ins Zentrum von Kundenbindungsmaßnahmen.

Ein gutes Spiel braucht mehr als Punkte

Jedes Mal, wenn der Kunde einen »Spielzug« im Rahmen des Loyalitätsprogramms tätigt und Punkte sammelt, findet eine Interaktion mit der Marke statt. Diese Tatsache wird oftmals zu wenig berücksichtigt, wenn lediglich das Einlösen der Punkte im Fokus der Loyalitätsprogramme steht. Wird der gesamte Prozess des Sammelns und Hinarbeitens auf Prämien spielerisch gestaltet, bietet man dem Kunden vielerlei Möglichkeiten, sich mit dem Unternehmen und der Marke vertraut zu machen, zu interagieren und im besten Fall sogar Mitglied einer Markencommunity zu sein.

Am Beispiel der Loyalitätsprogramme wird deutlich, dass Gamification richtig einzusetzen nicht einfach ist. Punkte zu verteilen, Statusgrenzen einzuziehen und im besten Fall noch Ranglisten einzurichten wird jedenfalls in den wenigsten Fällen ausreichen, Interesse und Beteiligung der Kunden zu erlangen. Und immer gilt auch: So wirkungsvoll Gamification sein kann, im schlechtesten Fall kann eine solche halbherzig umgesetzte »Gamification«-Maßnahme auch dazu führen, dass sich Kunden abwenden.

Das Marketing zählte zu den Vorreitern im Einsatz von Gamification, schon früh erkannte man in diesem Bereich die Macht, mit der dieses Konzept Menschen einnehmen kann. Allzu oft wurde Gamification zu Werbe- und Kundenbindungszwecken, aber auch als Allheilmittel missbraucht, und von der schlichten »Punktifizierung« wurden wahre Wunder erwartet. Lediglich Punkte für erwünschtes Verhalten zu verteilen wird jedoch schnell durchschaut, als langweilig empfunden und wird daher kaum einen Kunden lange bei der Stange halten. Es gibt aber auch viele gute Beispiele, bei denen von »echten« Spielen die Rede sein kann und die Wege zu einer völlig neuen Art der Kundenansprache und -bindung weisen.

Der Fast-Food-Riese *McDonald's* beispielsweise versucht mit der Neuauflage des Urvaters unter den Videospielen, des 1972 von *Atari* veröffentlichten »Pong«, zu punkten: *Pick n'Play* heißt die Kampagne, bei der Spieler über ihr Smartphone auf einem großen in der Stockholmer Innenstadt angebrachten Bildschirm Pingpong spielen konnten. Nachdem der Spieler seinen Lieblingssnack ausgewählt hat, startet das Spiel – gewinnt er es, erhält er sofort einen Gutschein auf sein Smartphone, den der Spieler in einer nahegelegenen Filiale in ein Produkt umtauschen kann. Die Idee ist so einfach wie wirkungsvoll: Spielspaß und Interaktivität bringen die Kunden direkt in die *McDonald's*-Filialen.

Der Sportartikelhersteller *Nike* wiederum wollte junge Leute zum Laufen bringen und verwandelte dazu London in ein virtuelles Spielbrett. *GRID* nennt sich der 15-tägige Wettbewerb, für den die Stadt in ihre 48 Postleitzahlenbezirke zerlegt wurde, innerhalb derer es Laufrunden zu absolvieren galt. Die Läufer hatten dabei jeweils Telefonzellen anzusteuern, in denen sie nach Wählen einer bestimmten Nummer Anweisungen für den weiteren Fortgang des Laufs erhielten. Dabei konnten Läufer einzeln oder in Teams antreten und Punkte, Auszeichnungen und Preise gewinnen je nach Geschwindigkeit, Route und dem Meistern verschiedenster Herausforderungen.

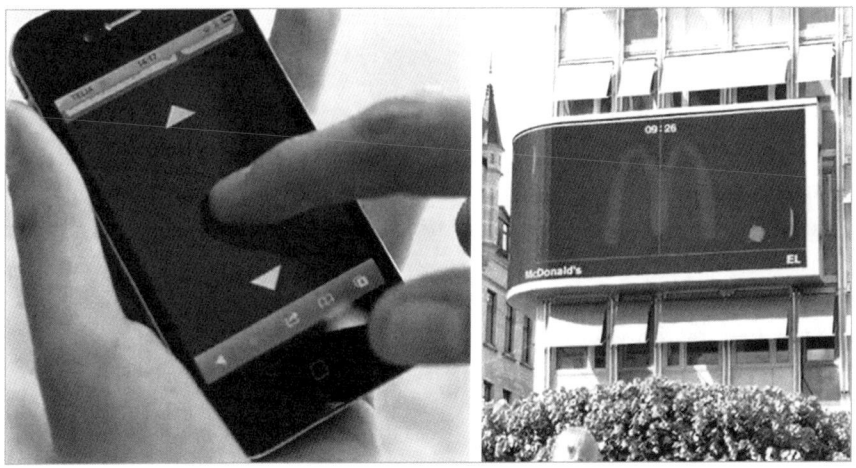

Abb. 7 *Pick n'Play* (Quelle: http://picknplay.se/. Zugriff: 08.03.2012)
Computerspiele sind überall: *Pick n'Play* macht eine riesige Infoscreen in der Stockholmer Innenstadt zur Spielfläche. Und der Gewinner erhält hier mehr als Punkte: Produktgutscheine locken den erfolgreichen Spieler sogleich in die nächste Filiale.

Solcherart angewandt verspricht der Gamification-Ansatz im Marketing viel bewirken zu können und für Unternehmen eine echte Alternative zu herkömmlichen – in der heutigen Informationsflut immer wirkungsloseren – Methoden zu sein. Die Zeit wird weisen, wie kreativ die Marketingabteilungen der Unternehmen darin sind, Kunden spielerische Wege zu Produkt und Unternehmen zu bahnen oder ob die vielfältigen Möglichkeiten, die in Gamification stecken, nur halbherzig ausgeschöpft werden: Die Versuchung scheint groß – dies zeigt auch die Vielzahl von Beispielen –, alten Wein in neuen Schläuchen zu verkaufen, indem immer schon dagewesene Kundenbindungsmaßnahmen, die mit Punkten und Belohnungen arbeiten, als »Gamification« etikettiert werden, um ihnen die Anmutung des Neuen, Interessanten und Fortschrittlichen zu verleihen.

»Erst die Arbeit, dann das Spiel«? – Gamification und die Zukunft der Arbeitswelt

Der Übergang von der Industriegesellschaft des 20. Jahrhunderts zur Wissensgesellschaft des 21. Jahrhunderts hat revolutionäre Veränderungen mit sich gebracht. Wissensabhängige Operationen durchdringen heute derart stark das Wirtschaftshandeln, dass Wissen zum vierten Produktionsfaktor geworden ist. Die modernen Kommunikations- und Informationstechnologien überbrücken die herkömmlichen Zwänge von Raum und Zeit. Produktive Tätigkeiten werden mehr und mehr von Wissen abhängig: Wissenschaft und Technik gewinnen an Bedeutung, weswegen der Anteil der Wissensarbeit am Produktionsprozess immer größer wird. Nicht mehr die industrielle Fertigung von Gütern ist Dreh- und Angelpunkt des Wirtschaftens, sondern die Bereitstellung von Dienstleistungen. Immer weniger Menschen sind mit der Produktion der physischen Güter an sich befasst, immer mehr gewinnt Wissensarbeit rund um produktionsbegleitende Dienstleistungen wie etwa Forschung und Entwicklung, Design, Logistik, Marketing oder Beratung an Gewicht. Dass angesichts solch drastischer Umwälzungen in der Wissensgesellschaft andere Arbeitsstrukturen gefragt sind als in der Industriegesellschaft, versteht sich fast von selbst.

Wirft man einen Blick in die Unternehmenslandschaft, muss man heute jedoch immer wieder feststellen, dass die Arbeitsstrukturen vieler Unternehmen keineswegs an die neuen Bedingungen angepasst sind, sondern aus dem Industriezeitalter stammen: Hierarchische Organisation, strenge Arbeitsteilung, Trennung von planenden und geistigen auf der einen Seite sowie ausführenden und körperlichen Tätigkeiten auf der anderen Seite – all dies sind Kennzeichen einer der Industriegesellschaft entstammenden Organisation. Das Wissenszeitalter ruft nach anderen Organisationsstrukturen, denn geistige Arbeit wird in den alten Strukturen kaum zu einem Höhenflug ansetzen. Wissen muss frei fließen können, Selbstmotivation muss die Ausführung von Anweisungen in starren Hierarchien ersetzen, Mitarbeiter müssen Verantwortung für das große Ganze übernehmen und dementsprechend über ihren eigenen Aufgabenbereich hinaus Bescheid wissen. Und schließlich: Gänzlich andere Motivationsmuster müssen her!

Mitarbeiterführung in der Wissensgesellschaft

Das Management, wie wir es kennen, wurde in den Tagen des Industriezeitalters entwickelt und baut auf ein Menschenbild auf, das höchst fraglich ist: Menschen sind längst nicht so manipulier- und vorhersehbar wie das die Managementliteratur in der Beschreibung ihrer Anreizsysteme meint. Die beiden bislang unhinterfragten Glaubenssätze lauten dort: Erstens, ein bestimmtes Verhalten kann gefördert werden, indem man dieses belohnt; zweitens, durch Bestrafung eines bestimmten Verhaltens kann eben dieses verhindert werden. Neuere Studien gehen dieser herrschenden Meinung jedoch auf den Grund und kommen zu recht überraschenden Ergebnissen. So musste etwa in einem Experiment (vgl. z.B. Ariely et al. 2009) eine Gruppe von Studenten bestimmte Aufgaben lösen (zum Beispiel Zahlenreihen auswendiglernen, Worträtsel lösen, einen Ball in einen Basketballkorb werfen), die an ein dreistufiges Belohnungssystem geknüpft waren: Einen kleinen Geldbetrag gab es für geringe Leistungen, einen mittleren Betrag für mittelmäßige Leistungen und einen hohen Geldbetrag für gute Leistungen. Diese Testaufstellung kommt den typischen Motivationsschemata innerhalb von Organisationen recht nahe: Top-Performer erhalten die Top-Incentives, Low-Performer gehen leer aus und die Mittelmäßigen bekommen ein bisschen. Nach diesem Prinzip gehen Unternehmen seit jeher vor und glauben, damit die Unternehmensleistung optimieren zu können. Die Ergebnisse der Untersuchung legen aber nahe, dass Unternehmen mit solchen Anreizsystem kräftig danebenliegen dürften: Zwar funktioniert die Methode »Zuckerbrot und Peitsche« gut bei Tätigkeiten, die lediglich handwerkliche Fertigkeiten erfordern. Sobald aber nur ein Mindestmaß an geistigen Fähigkeiten gefragt war, führte eine höhere Belohnung gar zu einer geringeren Leistung. Motivation nach dem Prinzip »Wenn Du X tust, erhältst Du Y« funktioniert also bei einfachen, unkomplizierten Aufgaben, wenn eine Aufgabe jedoch komplizierter wird, konzeptionelles und kreatives Denken erfordert, dann müssen andere Motivationsfaktoren zum Einsatz kommen.

In der modernen Wissensgesellschaft haben Mitarbeiter aber hauptsächlich – und immer mehr – kreative, geistige Aufgaben zu bewältigen, bei denen die Lösung oftmals nicht auf dem direkten Weg zu erreichen ist, sondern ein Um-die-Ecke-Denken erforderlich macht. Unternehmen müssen diesem Erfordernis ihre Motivationsmuster anpassen – dem Esel die Karotte vor die Nase zu halten, damit er sich fortbewegt, ist definitiv ein Motivationsrezept von gestern. Vorausgesetzt Menschen verdienen ausreichend Geld, sodass das Einkommen grundsätzlich kein Kopfzerbrechen bereitet, sind es vor allem drei Faktoren, die zu besseren Leistungen und persönlicher Zufriedenheit führen: Autonomie, Können und Sinn.

Menschen schätzen bei ihrer Arbeit *Autonomie*, sie haben das Verlangen, ihr Leben in Eigenregie zu leben und selbstbestimmt zu handeln. Das herkömmliche Management funktioniert gut, wenn man »Mitarbeiterführung« als die Befolgung von Anweisungen und die Erfüllung von Aufgaben innerhalb enger, vorgegebener Leitplanken versteht. Möchte man aber das Engagement seiner Mitarbeiter erreichen – und nichts anderes sollte jede Unternehmensführung in der heutigen wissensbasierten Wirtschaft im Sinn haben –, dann funktionieren Selbstführung und Handeln unter Eigenregie besser. Gemeint ist damit ein Fokus auf Ergebnisse und nicht auf die einzelnen Schritte dorthin oder gar die Zeit, die im Büro verbracht wurde, denn die Arbeit von Wissensarbeitern ist nicht messbar und kaum planbar. Stringent verfolgt die Managementphilosophie ROWE (Results-Only Work Environment) diese Idee: Mitarbeiter sollen komplette Kontrolle über ihre Zeit haben, solange nur die Resultate stimmen. (Vgl. Ressler/Thompson 2008) Welcher Produktivitätsgewinn sich für ein Unternehmen ergeben kann, lässt man seinen Mitarbeitern nur ein Stück weit völlig freie Hand, zeigt etwa die »20-Prozent-Regel« von *Google*: Das Unternehmen stellt allen Mitarbeitern frei, sich 20 Prozent ihrer Arbeitszeit selbsterdachten Projekten zu widmen, die ihnen am Herzen liegen, aber nichts mit dem eigentlichen Aufgabengebiet zu tun haben. Wenn auch nicht alle dieser Projekte zum Erfolg führen, so entstand in dieser autonom verfügbaren Zeit doch eine Menge von Produkten, mit denen *Google* heute erfolgreich am Markt vertreten ist. Dass dies nicht nur eine Option für riesengroße Unternehmen ist, die sich solche Puffer leisten können, hat das australische Softwareunternehmen *Atlassian* nachgemacht. Während der einige Male pro Jahr stattfindenden »FedEx-Days« können die Entwickler an frei gewählten Projekten arbeiten, und zwar unter zwei

Bedingungen: Erstens muss es sich um ein Thema handeln, das abseits der üblichen Aufgaben liegt, und zweitens muss innerhalb eines Tags (entsprechend der Overnight-Lieferung des Namensgebers) ein – wenn auch unfertiges – Ergebnis erstellt werden, das so weit ausgearbeitet ist, dass es im anschließenden informellen Meeting bei Pizza und Bier vorgeführt werden kann. Auch *Atlassian* hat mit seinen »FedEx-Days« die Erfahrung gemacht, dass eine kleine Auszeit von der täglichen Routine innovativem, kreativem Denken nur gut tun kann und dass Menschen am engagiertesten bei der Sache sind, wenn sie an selbst gewählten Aufgaben eigenständig arbeiten können. Neben Autonomie trägt dann noch *Können* zur Motivation bei: Das Gefühl, etwas zu beherrschen und besser und besser zu werden, empfinden Menschen als zufriedenstellend. Dies ist der Grund, warum Menschen in ihrer Freizeit beispielsweise ein Musikinstrument lernen, oder auch, warum es *Linux* oder *Wikipedia* gibt: Sowohl das Open-Source-Betriebssystem als auch die Online-Enzyklopädie wurden unter enormem Zeitaufwand von Menschen ohne jegliche Gegenleistung geschaffen. Neben dem Gefühl, sein Können unter Beweis zu stellen, wirkte hierbei auch der dritte Motivationsfaktor mit: *Sinn*. Menschen suchen insbesondere nach Aufgaben, die ihnen bedeutungsvoll erscheinen, und lieben es, durch ihre Mitarbeit Teil eines größeren Ganzen zu werden. (Vgl. Pink 2009)

Auch Kreativität wird sich ohne Motivation nur schwerlich entfalten. Teresa M. Amabile, Professorin an der Harvard Business School in Boston, beobachtet immer wieder, dass Kreativität in Unternehmen – wenn auch ungewollt – viel öfter gehemmt denn gefördert wird. Dabei ist Kreativität in der heutigen Wissensgesellschaft eine unabdingbare Ressource, will man im Wettbewerb bestehen. Es herrscht ein Wettlauf um Innovationen, neue Ideen sind das Betriebsmittel moderner Unternehmen, Produkte und Prozesse müssen immer wieder neu erfunden werden. Für Amabile ist Motivation einer von drei Bausteinen, die Kreativität ausmachen: Die beiden anderen sind Expertise, also der gesamte Kenntnisstand, auf den eine Person zur Verrichtung von Aufgaben zurückgreifen kann, sowie kreatives Denken, welches die Art und Weise beschreibt, wie Menschen Probleme angehen und nach Lösungen suchen und insbesondere die Fähigkeit meint, bestehende Ideen zu neuen Kombinationen zusammenzusetzen. Amabile bezeichnet Expertise und kreatives Denken als die Rohstoffe eines Individuums, erst Motivation ist wirklich ausschlaggebend dafür, was jemand erreicht. Ohne inneren Antrieb, ohne eine Leidenschaft für die Aufgabe zu entwickeln, werden auch der größte Wissensschatz, die beste Ausbildung und eine ausgeprägte Fähigkeit, neue

Blickwinkel und Lösungen für alte Probleme zu entwickeln, keine Wirkung zeigen. Ohne Motivation wird eine bestimmte Aufgabe dann schlichtweg nicht erledigt, die »Rohstoffe« bleiben ungenutzt oder kommen bei anderen Aufgaben zum Einsatz. Motivation ist aber nicht gleich Motivation und es zeigt sich, dass extrinsische und intrinsische Motivation recht unterschiedlich auf Kreativität wirken – letztere hat einen um vieles größeren Effekt. Extrinsische Motivation, die am besten durch die Metapher des Esels, dem eine Karotte vor die Nase gehalten wird, beschrieben werden kann, ist das Motivationsinstrument der Wahl in vielen Unternehmen, gleichzeitig aber auch die Wurzel aller Kreativitätsprobleme. Zwar helfen Geld und Kündigungsandrohung dabei, Mitarbeiter dazu zu bringen, Aufgaben zu erledigen, aber niemand wird bezweifeln, dass solche Faktoren längst nicht an die Kraft von Leidenschaft, Interesse und Spaß an einer Aufgabe und das innere Verlangen, sich einer Sache anzunehmen, heranreichen. Bei intrinsischer Motivation wirkt die Arbeit selbst motivierend und dies zeitigt kreativere Lösungen als externer Druck.

Spiele als Blaupause für die Unternehmensführung

Es ist also die intrinsische Motivation, die Menschen in einer wissensbasierten Wirtschaft größere Leistungen abringt. Wer extrinsisch motiviert und lediglich mit materiellen Belohnungen aufwartet, wird das Engagement und die aktive Beteiligung der Menschen nicht ernten. Ganz anders aber, wer Menschen die Möglichkeit verschafft, sich gut zu fühlen, weil Aufgaben autonom erledigt werden, Können unter Beweis gestellt und ein ständiges Besserwerden beobachtet wird und dabei noch das Gefühl herrscht, etwas Sinnvolles zu tun. Wie intrinsische Motivation angefacht werden kann, dafür offerieren Spiele einen Reichtum an Ideen. Blickt man sich um bei MMOGs, so wird man den Verdacht nicht los, dass die Spieler dort Aufgaben lösen, die jenen des Arbeitslebens sehr ähnlich sind. Und tatsächlich ist der Generation Gaming eine Trennung von Privat und Arbeit, Ernst und Spiel, persönlich und professionell eher fremd. Nichtsdestoweniger hält unsere kulturelle Prägung die Dichotomie von Arbeit und Spiel aufrecht: Computerspiele sind der Sphäre des Spiels und der Unterhaltung zuzurechnen und können daher nichts mit Arbeit zu tun zu haben, so die landläufige Anschauung. Und viele Spieler berichten tatsächlich (vgl. Yee 2006b: 69), dass sich das Lösen von Problemen, die Zusammenarbeit mit anderen Spielern, die Übernahme von Führung in der virtuellen Welt oftmals eher anfühlt wie das Arbeitsleben denn wie Spaß – dennoch bezahlen Millionen von Menschen beträchtliche Summen an Anbieter von MMOGs für das Abarbeiten von Aufgaben am Computer.

Die Episode aus »Tom Sawyer und Huckleberry Finn« kommt dabei in den Sinn, in der Tom von seiner Tante Polly dazu verdonnert wird, den Zaun vor dem Haus zu streichen und er die lästige Aufgabe dadurch loswird, dass er all seinen Freunden erklärt, welche Ehre es sei und welches Geschick dazugehöre, den Zaun zu streichen. Am Ende liegt Tom auf der faulen Haut und seine Freunde bezahlen ihn dafür, die Arbeit zu tun. Warum wird ein und dieselbe Tätigkeit einmal als Arbeit und ein anderes Mal als Spaß empfunden? Auch hier sind wieder intrinsische Motivationsfaktoren am Werk: etwas freiwillig und autonom zu tun, bei dem noch dazu einiges an Können und Geschick abverlangt wird. Eben dies ist die Lehre, die Unternehmen bei der Umgestaltung der Arbeitsumwelt ziehen sollten, weil eine Ökonomie, die mit Wissen arbeitet, ganz andere Bedingungen braucht als eine solche, in der Menschen vorrangig mit der Bearbeitung physischer Stoffe befasst sind. Und dabei können Spiele helfen!

Hält man sich die Anforderungen der modernen Wissensgesellschaft vor Augen, so sind die Herausforderungen an Unternehmenslenker und MMOG-Spieler gar nicht so unterschiedlich. In beiden Welten warten dieselben Aufgaben auf die jeweiligen Akteure mit Führungsverantwortung: Teammitglieder müssen beurteilt und angeworben werden, sodann laufend motiviert und ihre Anstrengungen honoriert werden. Zu jeder Zeit gilt es, ein Team aufrecht und einsatzbereit zu erhalten, das die verschiedensten Talente vereinen muss und zumeist kulturell bunt gemischt ist. Die Wettbewerbsvorteile müssen identifiziert und richtig eingesetzt werden. Dazu muss ein ständiger Fluss an sich immer wieder ändernden und oftmals unvollständigen Informationen aus den unterschiedlichsten Quellen analysiert werden, um schnelle Entscheidungen zu treffen, die zumeist weitreichende und langfristige Auswirkungen haben. Und was die Bedingungen betrifft, unter denen diese Aufgaben zu vollziehen sind, so nehmen MMOGs vorweg, wie sich die Zukunft von Unternehmen in der Wissensökonomie gestalten wird: selbstorganisierte und gemeinschaftliche Aktivitäten, sich immer wieder wandelnde Belegschaften und sich je nach Aufgabe neu zusammensetzende Teams, eine dezentrale und nicht hierarchische Führung.

Demgegenüber gibt es natürlich auch eine Vielzahl von Unterschieden zwischen der Spiele- und der Businesswelt, die man sich bewusst machen muss, damit Gamification zur Umgestaltung der Arbeitswelt gelingen kann. Entscheidungen in Spielen haben weniger gravierende Auswirkungen als im richtigen Leben, betreffen sie doch nur die Spielwelt – es »steht weniger auf dem Spiel«. Im Gegensatz zu Problemen, denen Unternehmenslenker gegen-überstehen, ist ein Problem im Spiel immer klar definiert und strukturiert, anstelle Herausforderungen identifizieren und umreißen zu müssen, planen Anführer in Spielen zumeist einfach Taktiken und führen diese aus, welche dem Erreichen der durch das Spiel vorgegebenen Ziele dienen. Spieler treten immer vermittelt über ihre Avatare auf, die sie nach eigenem Geschmack für das Spiel entworfen haben und ihre wahre Identität verbergen. Das Handeln über ein Alter Ego schafft eine andere Atmosphäre als sie von Angesicht zu Angesicht zustande kommt: Im Allgemeinen ist eine größere Offenheit im Umgang zu bemerken und dies führt dazu, dass hitzige Auseinandersetzun-gen verbreiteter, aber auch akzeptierter sind, Teammitglieder stehen Grup-penkonflikten aufgeschlossener gegenüber. (Vgl. Reeves et al. 2008)

Karrieresprung als Aufstieg in den nächsten Level?

Im Gegensatz zu Videospielen sind Jobs nicht bewusst gestaltet, niemand hat sich über die »Spielregeln« Gedanken gemacht, zumeist sind diese einfach historisch gewachsen. Wäre es nun aber vorstellbar, dass Arbeitsstellen einem ebensolch stringenten Design unterliegen wie Videospiele? Dass Jobprofile und Karrierewege ebenso ausgeklügelt entworfen werden wie Levels und Belohnungen in einem guten Videospiel? Aufgrund der großen Ähnlichkeit der Umweltbedingungen von Spielen und Unternehmen und der großen Kraft, die Spiele auf dem Gebiet der Motivation haben, liegt es nahe, die Erfahrungen, die Spiele bereithalten, zu berücksichtigen, wenn es um die Optimierung von Arbeitsumfeldern geht. Gerade was die Führung von Unter-nehmen betrifft, halten Spiele einige Lehren bereit, mit deren Hilfe Mitarbei-termotivation an die Zeichen der Zeit angepasst werden kann.

Die Notwendigkeit, in der Wirtschaftswelt schnelle Entscheidungen zu treffen, nimmt getrieben durch die unmittelbare Verfügbarkeit von Daten laufend zu. Wer seiner Konkurrenz voraus bleiben will, ist gezwungen, auf Basis unvollständiger Datenlage Entscheidungen zu treffen; wer Optionen lange abwägt, kommt oftmals zu spät. Wie auch Anführer von Gilden haben Unternehmensführer dabei eine Gratwanderung zu gehen, denn oftmals gehen schnelle Entscheidungen auf Kosten eines Teamkonsenses – Mitarbei-ter in solchen Situationen zu motivieren ist sicher eine besondere Herausfor-derung. Was können sich Unternehmen nun von MMOGs abschauen? Um in der schnelllebigen Wettbewerbslandschaft die Nase vorne zu behalten, gilt es, die Entscheidungsfindung nach Art von MMOGs zu gestalten: An die Stelle von reiflichen, wohlüberlegten Entscheidungen treten iterative Strategien, die getroffene Entscheidungen je nach Datenlage immer wieder an die Realität anpassen und wiederholte Kurskorrekturen vornehmen, um sich einem Ziel zu nähern.

Beim Spielen in virtuellen Welten ist die Methode Versuch-und-Irrtum die erfolgversprechendste. Fehlschläge werden nicht als das Ende der Welt betrachtet, sondern als absolut notwendig akzeptiert als Meilenstein zum Erfolg. »Lass' es uns noch einmal versuchen!« – sich nach einem missglückten Versuch noch einmal dem Ziel zu nähern ist in MMOGs völlig normal. Auch in Unternehmen wird eine solche Herangehensweise verbreiteter werden, weil in ungewissen Zeiten das Risiko herausgefordert werden will, möchte man weiterkommen. Zudem wird der Unternehmenserfolg immer stärker durch Innovation denn durch schlichte Ausführung von Altbekanntem bestimmt, Neues auszuprobieren wird dabei nicht ausbleiben können, ebenso wie sich auch immer mal wieder Fehler und Misserfolge einstellen werden. Spiele geben dazu wertvolle Lektionen, wie die Organisation eines Unternehmens gestaltet werden kann, um die Vorzüge einer solchen Taktik zu nutzen, wie aber auch gleichzeitig ein Fallnetz eingebaut wird. Zunächst gilt es eine Kultur des Akzeptierens von Scheitern zu entwickeln. Führungspersonen müssen Risiken in einer Art und Weise ausgesetzt werden, die die Struktur von Spielen nachempfindet: Große Projekte sollten in kleine Aufgaben heruntergebrochen werden, um Risiken zu streuen und damit ein Fehlschlag weniger schmerzt.

Schließlich kann auch aus der Art, wie in Spielen Führung übernommen und gelebt wird, einiges für die zukünftige Unternehmenswelt abgeleitet werden. Wie Führungspersonen ihre Rollen blitzschnell tauschen – in der einen Minute die Richtung vorgeben und andere anführen und in der nächsten Minute selbst jemand anderem folgen – wird in einer höchste Flexibilität fordernden Unternehmensumwelt zum neuen Verständnis von Führung werden: Führung wird nicht an einer Person, sondern an der Sache festgemacht, Führung ist ein Zustand, den Einzelne einnehmen und wieder ablegen, und keine persönliche Eigenschaft, die ein Individuum definiert. Die Idee einer vorübergehenden Führungsrolle ist Unternehmen heute noch völlig fremd: Zumeist werden Mitarbeiter schon früh in ihrer Karriere für Führungsaufgaben auserkoren und diese nehmen sie dann nach einer Vorbereitungszeit während ihrer gesamten Laufbahn wahr. Ob dieses Modell in Zukunft noch funktionieren wird, ist fraglich. Zu komplex ist das Aktionsfeld eines Unternehmens heute, als dass eine einzige Person auf den verschiedenen Gebieten bewandert sein könnte. Anleihen zu nehmen beim Konzept der vorübergehenden Führung in der Spielwelt, in der Qualifikation immer mit der anstehenden Herausforderung in Einklang gebracht wird, könnte hier einen alternativen Weg aufzeigen.

Wenn Computerspiele in der Vergangenheit am Arbeitsplatz immer streng verboten waren, so steuern wir auf eine Zukunft zu, in der exakt das Gegenteil der Fall sein könnte: Werden Mitarbeiter zukünftig dazu angehalten sein zu spielen? Immerhin können Spiele am Arbeitsplatz Produktivität und Ergebnis dramatisch verbessern. Oftmals geschieht dies dadurch, dass Spiele den Wettbewerb anstacheln. Diesen Effekt hat *Microsoft* für sich genutzt: Bevor das Unternehmen eine neue Version seines *Windows*-Betriebssystems verfügbar macht, wird es von den verschiedensten Mitarbeitern getestet. In der Vergangenheit kostete es regelmäßig einige Überzeugungskraft, Mitarbeiter dazu zu bringen, diese recht langweilige Arbeit zusätzlich zu ihren alltäglichen Aufgaben zu erledigen. Anlässlich der Veröffentlichung der neuesten Version *Windows Vista* schuf *Microsoft* ein Spiel, das Punkte für das Testen vergab und Preise für das Erreichen bestimmter Ziele ausgab. Und siehe da, die Beteiligung der Mitarbeiter war so hoch wie nie! Gleiches gilt für *Microsofts* »Language Quality Game«, mit dessen Hilfe die Anpassung von *Windows* an unterschiedliche Sprachen bewertet werden sollte. Der Einsatz des Spiels, das ebenfalls auf der Vergabe von Punkten und dem Streben nach High Scores beruht, führte zu besseren Qualitätsbeurteilungen in kürzerer Zeit.

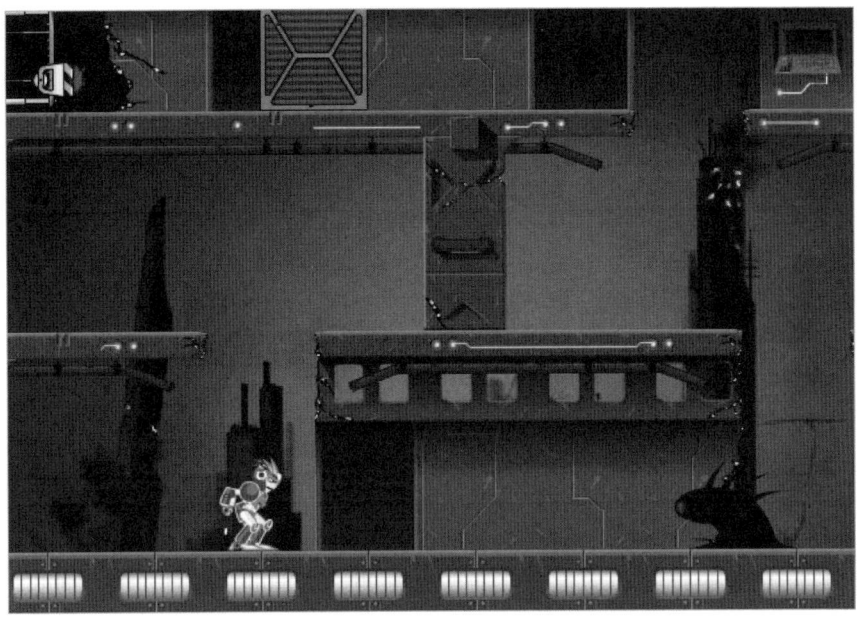

Abb. 8 *Shadow Specters* (Quelle: http://www.enspire.com/thought-leadership/case-studies/
onboarding-video-game. Zugriff: 05.03.2012)

Spielend neue Mitarbeiter finden und einschulen: Während *McKinseys* Onboarding Game
»Team Leader« mit schlichtem Fragebogen, Auswahlantworten und einem Fortschritts-
balken, der die für richtig beantwortete Fragen verdienten Punkte anzeigt, auskommt,
sind die »Shadow Specter«-Spiele von *Sun Microsystems* in ihrer Anmutung nicht von
»richtigen« Computerspielen zu unterscheiden.

Aufgrund der phänomenalen Erfahrungen mit dem Einsatz von Spielen werden diese im Hause *Microsoft* nun immer wieder eingesetzt. Auch *Sun Microsystems* setzt auf spielende Mitarbeiter: Die beiden Computerspiele »Rise of
the Shadow Specters« und »Dawn of the Shadow Specters« werden im Recrui-
tingverfahren sowie bei der Schulung neuer Mitarbeiter eingesetzt, um diese
mit der Struktur und Vision des Unternehmens vertraut zu machen. Die Spiele
finden in der Fantasiewelt »Solaris« statt, die einer Gesellschaft Heimat bietet,
welche die zentralen Werte von *Sun Microsystems* teilt. »Solaris« besteht aus
fünf Welten, die jeweils eine der Geschäftseinheiten des Unternehmens reprä-
sentieren. Die Spieler haben dabei die Aufgabe, die »Shadow Specters«, selbst-
süchtige, monsterähnliche Wesen, zu bekämpfen, die diese Welt bedrohen.
Auch beim Beratungsunternehmen *McKinsey & Co.* spielen Bewerber ein
Spiel. In »Team Leader« haben sie ein Beraterteam zu führen, dessen fiktiver

Klient vor ernsthaften Herausforderungen steht. Die von den Spielern getroffenen Entscheidungen bestimmen über ihre Platzierung in der Rangliste.

Virtuelle Spielwelten und professionelle Arbeitswelt verschmelzen

Immer stärker wird Arbeit auch in virtuellen Welten stattfinden. In vielen großen Unternehmen nutzen Mitarbeiter bereits Avatare als Teil ihres regulären Jobs. Die künstlichen Stellvertreter nehmen dann an Brainstorming-Meetings mit Kollegen teil, stellen neue Mitarbeiter ein, absolvieren Schulungen oder arbeiten mit Kollegen an globalen Projekten zusammen. Avatare bieten gerade in verteilt agierenden globalen Organisationen ja tatsächlich eine Menge Vorteile: Schrumpfende Reisebudgets, verschiedene Zeitzonen oder auch der Trend zu vermehrter Heimarbeit sind gewichtige Gründe, mit Personen in Kontakt zu treten, ohne physisch präsent sein zu müssen. Zwar gibt es Kollaborationssoftware, die eben dies ermöglicht, schon seit Längerem, aber es fehlt den meisten Produkten an emotionalen und sozialen Komponenten, um die Nutzer ebenso anzusprechen wie dies virtuelle Welten mit Avataren vermögen: Durch Mimik, Gestik, Körperhaltung, Nähe und Distanz machen Avatare das Arbeiten in der virtuellen Welt zu einem Abziehbild von Arbeit in der echten Welt – zwar ist dies noch Zukunftsmusik, aber künftig wird ein solches Auftreten es Avataren viel einfacher machen, soziale Beziehungen zu knüpfen und aufrechtzuerhalten als dies mit herkömmlicher Kollaborationssoftware jemals möglich war. Damit werden die Grenzen zwischen realer und virtueller Arbeitswelt mehr und mehr verwischt: Der Austausch von Informationen, Meetings, Webseiten etc. vermischen sich mit Avatar-Interaktionen, sodass die Zukunft bestimmt sein könnte von einem Mosaik aus persönlicher, digitaler und virtueller Kommunikation.

Byron Reeves, Professor an der Stanford-Universität, und sein Co-Autor, der Unternehmer J. Leighton Read, glauben fest an die Verschmelzung von virtuellen Spielwelten mit der professionellen Arbeitswelt und dass Mitarbeiter Teil von Videospielen werden. In ihrem Buch »Total Engagement« (2009) beschreiben sie den Einzug von Gamification in die moderne Arbeitswelt und demonstrieren die Bedeutung anhand zweier Szenarien des Arbeitstags der imaginären Jennifer, einer Call-Center-Mitarbeiterin. Schnell wird klar, wie Gamification den Unterschied ausmacht: Im ersten Szenarium verbringt Jennifer täglich acht streng reglementierte Stunden an einem typischen Call-Center-Arbeitsplatz: Ihre Leistung wird genauestens registriert, auf einer für alle sichtbaren Tafel werden Bearbeitungszeiten, die Anzahl wartender Gespräche, Anrufaufkommen und ähnliche Daten angezeigt. Zur Mittagspause hat

Jennifer sich abzumelden, sodass der exakte Beginn ihrer Pause aufgezeichnet werden kann. Wie in den meisten Call-Centern üblich, ist die Fluktuation hoch, und trotz der Menge an Kollegen ergeben sich kaum Gelegenheiten, diese kennenzulernen. Obwohl Jennifer den ganzen Tag spricht und von Menschen umgeben ist, fühlt sie sich trotzdem einsam und gelangweilt. Ganz anders im zweiten Szenarium: Jennifer arbeitet von zu Hause aus. Am Beginn des Arbeitstags wird sie von einem Avatar begrüßt und sie schließt sich ihrem 20-köpfigen Team an. Während sich die Teammitglieder auf einem Piratenschiff zusammenfinden, sind die Mitarbeiter in Wirklichkeit über die verschiedenen Zeitzonen verstreut. Aber sie können sich über Chats miteinander austauschen, weswegen Jennifer mit Kollegen einen regeren Austausch pflegt als im ersten Szenarium. Einzelne Teams treten gegeneinander an und Jennifers Erfolg hängt vom Erfolg ihres gesamten Teams ab. Beim Eingehen von Anrufen erhält Jennifer jedes Mal Punkte gutgeschrieben, wenn sie Daten akkurat eingibt und den Unternehmensprozessen folgt. Eine Software, die Stimme und Stress analysiert, sorgt dafür, dass bei geschickt erledigten Anrufen mehr Punkte vergeben werden. Je mehr Punkte Jennifer so ansammelt, desto hilfreicher ist dies für ihr Team: Das Piratenschiff segelt schneller in Richtung einer Insel, auf der Geschenke (aus der echten Welt!) auf die Mitarbeiter warten. Reeves und Read zeigen mit Hilfe der beiden Szenarien auf, wie Spielmechanismen zu mehr Engagement führen können: Jennifer hat in beiden Szenarien denselben Job zu erledigen, aber durch die konkrete Ausgestaltung können auch die einfachsten Tätigkeiten mehr Spaß machen. Das ständige Feedback in Form von Punkten gibt ihr das Gefühl, etwas erreicht zu haben. Jennifer ist ein motiviertes, loyales und produktives Mitglied des Teams – eine Win-Win-Situation: besser für sie selbst und besser für das Unternehmen.

Tätigkeiten so zu gestalten, dass sie mehr Spaß machen und dadurch zu höherer Motivation führen, ist ein Aspekt von Gamification in der Arbeitswelt. Gamification wird aber auch deshalb vorangetrieben, weil die Generation Gaming einen immer größeren Anteil am Arbeitskräftereservoir ausmacht, veränderte Erwartungen an ihren Arbeitsplatz mitbringt und anders zu motivieren ist als die Generationen zuvor. Zusammen mit den veränderten technologischen Möglichkeiten tritt eine Generation von Wissensarbeitern in Unternehmen ein, die eine Kultur und neue Lerntechniken mitbringt, die wesentlich geprägt sind von ihren Erfahrungen mit Videospielen. Aber auch das Arbeitsumfeld ist heute ein anderes: Zunehmend vernetzt, verteilt und virtuell stellt sich die Umwelt dar, in der Unternehmen agieren. Welche speziellen Fähigkeiten, welche Hilfsmittel sind in einer solchen Arbeitsumgebung gefragt? Jeden Tag versammeln sich Hunderttausende von Menschen in komplexen virtuellen Welten und arbeiten gemeinsam und selbstorganisiert an der Bewältigung verschiedenster Aufgaben, bilden dabei Fähigkeiten aus und schlüpfen in die unterschiedlichsten Rollen. Führungsqualitäten werden an den Tag gelegt, die sich in der Anwerbung, Organisation, Motivation von großen Gruppen an Spielern niederschlagen. Blitzschnell werden Entscheidungen getroffen, die häufig auf einer Flut von Echtzeitinformationen beruhen, die für die konkrete Situation aber doch unzulänglich sind. MMOGs sind ein Spiegel des Unternehmenskontexts von heute. Und zusätzlich gibt es heute wohl kaum eine ausgeklügeltere Software zur Unterstützung von globaler Zusammenarbeit als sie moderne MMOGs offerieren. Besser noch: junge Leute am Beginn ihrer Karriere beherrschen diese Tools perfekt und intuitiv, es ist nicht einmal ein Einführungstraining nötig – immerhin spielen sie von Kindesbeinen an. Und sie bringen Qualitäten mit, die sie für Führungsaufgaben in der virtuellen, schnelllebigen, vernetzten Unternehmenswelt prädestinieren. Videospieler können besser mit Risiken leben, akzeptieren Fehlschläge als Teil ihrer Realität genauso wie die darauffolgenden iterativen Verbesserungen zur Annäherung an ein Ziel. Einen bedeutenden Teil der Aufgaben eines Gildenführers macht das Schlichten von Konflikten und das Bilden und Aufrechterhalten von Beziehungen aus. Genauso wie in Unternehmen auch gilt es, die Dynamik der Gruppe mit den Zielen und Strategien der Gruppe in Einklang zu halten. MMOGs sind ein Spielplatz, auf dem man sich ausprobieren kann, verschiedene Rollen annehmen, testen, was funktioniert und was nicht. Man wird nie hart fallen. Wer diese Erfahrung gemacht hat – und andauernd macht –, wird auch im richtigen Leben weniger davor zurückschrecken, neue Herausforderungen anzunehmen. Das Akzeptieren von Fehlern ist eine unabdingbare Voraussetzung für das Hervorbringen von Innovationen. Echte Innovationen werden ohne Versuch-und-Irrtum kaum entstehen, es braucht iterative Prozesse, um sich den großen Problemen anzunähern. In der Welt der Online-Spiele wird dies sehr gut verstanden und gelebt, aber in vielen Unternehmen fehlt immer noch jene Toleranz für Fehler, ohne die Neues nicht entstehen kann.

Spiele haben riesiges Potenzial zur Verbesserung von Motivation, Engagement, Zusammenarbeit, Führung und Innovation in Unternehmen. Es braucht lediglich eine formale Strategie, um mit Gamification die Möglichkeiten in der modernen Wissensarbeit auszuschöpfen. Gerade aber bei der Anwendung von Gamification in Unternehmen, wo eine Vielzahl verschiedener Menschen angesprochen werden sollen, ergibt sich die Schwierigkeit, dass wir alle die unterschiedlichsten Neigungen und Geschmäcker haben und dass ein Spiel naturgemäß nicht bei der gesamten Belegschaft gleichermaßen Anklang finden wird. So ist etwa aus jahrzehntelanger Forschung bekannt, dass Frauen im Gegensatz zu Männern weniger kompetitive Situationen und Umfelder vorziehen. Viele Spiele bauen aber gerade darauf, Wettbewerb anzustacheln und so den Spieler zu höheren Leistungen zu motivieren. Nicht alle Spielmechanismen sprechen jedoch – wie dieses Beispiel zeigt – alle Adressaten gleichermaßen an. Ist es also überhaupt möglich, ein Spiel für ein Unternehmen zu schaffen, das alle Mitarbeiter hilfreich und unterhaltend finden? Ist zu befürchten, dass Gamification mehr Schlechtes als Gutes bewirkt, wenn nur einige Mitarbeiter das Spiel langweilig, mühselig oder nervtötend finden? Was sind die Konsequenzen, wenn Arbeit durch Spiele zu einfach oder zu schwierig wird? Die Frage wird dabei immer sein, was Gamification Unternehmen unter dem Strich wirklich bringt – denn wie bei allen Spielen werden auch bei Gamification am Arbeitsplatz Phasen der Frustration und der Höhenflüge einander abwechseln.

6.2 Gamification und Crowdsourcing: Die verspielte Gesellschaft stellt ein Heer von Arbeitern

10.000 Schafe tummeln sich auf der Webseite »The Sheep Market« (http://www.thesheepmarket.com). Entstanden ist diese digitale Schafherde innerhalb von vierzig Tagen, jedes einzelne gezeichnet von einem von Tausenden über den Erdball verstreuten Menschen – für zwei US-Cent pro Stück. Ermöglicht hat dieses ungewöhnliche Projekt der vom Internethändler *Amazon* betriebene internetbasierte Marktplatz »Mechanical Turk« (https://www.mturk.com/mturk/welcome). Dieser Internetservice hilft Unternehmen, Arbeitskräfte zu finden, die simple Tätigkeiten verrichten, welche nicht automatisierbar sind: etwa die Identifikation von Objekten auf Fotos, Zuordnung von Produkten zu Warenkategorien, das Anfertigen kurzer Produktbeschreibungen, Verfassen von Textzusammenfassungen, die Niederschrift von Podcasts – oder eben das Zeichnen von Schafen. »Draw a sheep facing to the left« lautete der leicht nachvollziehbare Arbeitsauftrag. Beinahe jeder kann bei »Mechanical Turk« etwas Passendes zu tun finden. Zur Ausführung der Aufgaben sind keine besonderen Fähigkeiten notwendig – Computer allerdings sind im Allgemeinen ziemlich schlecht darin, die dort gestellten Aufgaben zu lösen.

Amazon stellt mit seinem »Mechanical Turk« das bekannte Prinzip der Mensch-Maschine-Zusammenarbeit, dass nämlich der Mensch die Anweisungen gibt und die Maschine dabei hilft, diese abzuarbeiten, auf den Kopf: Hier bekommen Computer Hilfe von Menschen bei der Lösung der gestellten Aufgaben. Bei der Namensgebung stand der vom österreichischen Erfinder, Schriftsteller und Beamten am Hofe Maria Theresias, Wolfgang von Kempelen, 1769 konstruierte »Schach- und Trick-Türke« Pate. Dieser ist eine vorgebliche Schachmaschine, die einem in türkische Tracht gekleideten Mann nachempfunden ist, der vor einem Tisch mit Schachbrett sitzt. Der Schachtürke war ein großer Erfolg und so namhafte historische Persönlichkeiten wie etwa Benjamin Franklin, Napoleon Bonaparte oder Edgar Allen Poe forderten ihn heraus. Jedoch: Das Gerät war eine Täuschung. In seinem Inneren war ein menschlicher Schachspieler verborgen, der mittels einer mechanischen Vorrichtung die Schachzüge der Puppe steuerte. Nach dieser »Maschine« also benannte *Amazon* seinen Webservice, weil hinter dem System ebenfalls Menschen stecken, die – von außen betrachtet – wie eine Maschine funktionieren.

Es ist wohl eine Ironie der Geschichte – und eine Ungenauigkeit in *Amazons* Namensgebung –, dass die unglaublichen Fähigkeiten des Schachtürken, der zur Geburtsstunde der industriellen Revolution präsentiert wurde, in der Öffentlichkeit Ängste hervorriefen, dass Maschinen menschliche Arbeitskräfte verdrängen würden. *Amazons* »Mechanical Turk« aber bewirkt genau das Gegenteil: Glaubte sich die Menschheit durch die rasanten Fortschritte auf dem Gebiet der Informationstechnologie auf dem besten Wege dahin, immer mehr sinnentleerte, stupide Tätigkeiten auf Maschinen und Computer abzuwälzen, holt das Konzept des »Mechanical Turk« Menschen dahin zurück, genau diese Tätigkeiten selbst auszuführen. Dementsprechend ist »Mechanical Turk« auch Kämpfern gegen die Aushöhlung von Arbeitnehmerrechten ein Dorn im Auge: Sie sehen in dieser Art von Arbeit nichts anderes als digitale Fließbandfertigung zu einem Hungerlohn. Auch für Aaron Koblin, den Initiator von »The Sheep Market«, bedeutete sein Projekt eine kritische Auseinandersetzung mit der Arbeitswelt der Zukunft. Trotz dieser Bedenken sind alle Beteiligten glücklich: die Unternehmen ohnehin, sparen sie auf diese Art und Weise der Auftragsvergabe doch Unmengen an Geld. Auch werden Aufträge gewöhnlich viel schneller erledigt, hat man doch Hunderte »Turkers« für sich arbeiten, was bei herkömmlicher Auftragsvergabe kaum der Fall sein dürfte. *Amazon* sieht das Projekt als großartig gelungenes Beispiel dafür, wie man eine große Menge von Menschen dazu bringen kann, schnell, ohne großen Aufwand und billig Aufträge zu erfüllen. Und auch von Seiten der Arbeiter kommen keine Klagen – auch nicht, was die geringe Entlohnung betrifft.

Ein Heer von Gratisarbeitern steht im Internet bereit

Tatsächlich bewirken Internetmarktplätze à la »Mechanical Turk«, dass seit einiger Zeit eine gesichtslose Heerschar von Dienstleistern bereitsteht, ausgerüstet lediglich mit einem Computer, um einfache Arbeiten für verschiedenste Unternehmen – völlig flexibel und ohne Arbeitsvertrag – zu verrichten. Unternehmen auf der Suche nach billigen Arbeitskräften richteten ihren Blick bislang Richtung China oder Indien zur Auslagerung von Arbeitsprozessen, so werden Unternehmen heute unter Umständen schon in der unmittelbaren Nachbarschaft fündig – solange die Arbeitswilligen nur über eine Verbindung zum Internet verfügen. Das »verteilte Arbeiten« macht sich das Internet zunutze, um brachliegende Denkleistung von Millionen von menschlichen Gehirnen anzuzapfen. Dieses Prinzip wurde schon erfolgreich in der Computerwelt angewandt: Distributed-Computing-Projekte fassen ungenutzte Rechnerleistung von Millionen einzelner Computer zusammen und nutzen diese zur Bewältigung großer Projekte. Zum Beispiel befasst sich das seit 1999 durchgeführte Projekt SETI@home (*Search for extraterrestrial intelligence at home*) (http://setiathome.ssl.berkeley.edu) der Universität von Kalifornien, Berkeley, mit der Suche nach außerirdischem intelligenten Leben, indem es zur Analyse großer Mengen von Daten über das Internet verbundene Computer nutzt. Durch die immense Anzahl beteiligter Computer kommt eine Rechenleistung zustande, die ansonsten unbezahlbar wäre. Ebenso zerstückeln Unternehmen ihre Aufgaben in winzige Portionen und lassen sie über »Mechanical Turk« von einer Heerschar von Arbeitern lösen. Im Unternehmen fügt sich alles wieder zu einem Ganzen zusammen.

Aber nicht nur unqualifizierte Arbeit wird nach diesem Prinzip ausgeführt, sogar hoch spezialisiertes Wissen steht im Internet zur Verfügung und wartet nur darauf, von Unternehmen abgerufen zu werden. Die Zukunft der Forschung & Entwicklung wird stark von der breiten Masse der freiwillig arbeitenden Freizeit-Dienstleister beeinflusst. Unternehmen gehen vermehrt dazu über, zur Lösung von Problemen, die sich im Rahmen der Forschung ergeben, das in den unzähligen Köpfen schlummernde Wissen der durch das Internet verbundenen Laienforscher anzuzapfen: Private Küchen und Hobbykeller werden zu Chemielaboren. Was *Amazons* »Mechanical Turk« für einfache Arbeiten ist, ist *InnoCentive* (http://www.innocentive.com) für Spezialwissen. Diese von der Pharmafirma *Eli Lilly* finanzierte Web-Plattform schafft ein Netzwerk von Wissenschaftlern, die von Firmen dort bekanntgemachte Probleme lösen. Unternehmen (»Solution Seekers«) beschreiben wissenschaftliche Probleme, auf die sie in ihrer Forschung stoßen, auf der Webseite von *InnoCentive* und bezahlen für deren Lösung fünf- bis sechsstellige Dollarbeträge an die Freizeit-Wissenschaftler (»Problem Solvers«) sowie eine Gebühr an *InnoCentive*. Genau wie der »Turker« auf »Mechanical Turk« erfährt auch der »Solver« auf *InnoCentive* oft nicht, für wen er arbeitet oder wofür genau das Unternehmen die erarbeitete Lösung am Ende verwendet. Viele Unternehmen veröffentlichen schon aus dem Grund lediglich exakt abgegrenzte Teilprobleme, um der Konkurrenz nicht allzu viel von der Forschungsrichtung preiszugeben. Erst wenn die einzelnen Mosaiksteinchen von Lösungen zusammengefügt werden, ergibt sich ein neues Produktfeature oder gar ein völlig neues Marktangebot.

Als Crowdsourcing wird das Phänomen bezeichnet, dass Aufgaben, die herkömmlich durch bestimmte Mitarbeiter eines Unternehmens bearbeitet wurden, an eine undefinierte, der Größe nach unbeschränkte Gruppe von Menschen in Form eines offenen Aufrufs ausgelagert werden. Der Neologismus »Crowdsourcing« geht auf Jeff Howe (2006), Redakteur des *Wired Magazine*, zurück und verknüpft die Begriffe »Crowd« und »Outsourcing«. Mit »Crowd« meint Howe die Masse der Internetnutzer, die jede Menge Talent, Kreativität und Produktivität bereithält, um die verschiedensten Aufgaben zu lösen. Das Internet macht das Entstehen einer virtuellen »Crowd« möglich, es ist nicht länger nötig, dass Menschen, die zusammen etwas auf die Beine stellen möchten, physisch am gleichen Ort sind. So gesehen ist Crowdsourcing eine perfekte Meritokratie, in der nicht länger Alter, Geschlecht, Ausbildung, Werdegang zählen, sondern einzig und allein die Arbeitsleistung. Wer auch immer die Aufgabe ausführen, das Problem knacken, die Leistung vollbringen kann, hat den Job! Und umgekehrt findet sich mit größter Wahrscheinlichkeit in den Weiten des Internets immer jemand, der den ausgeschriebenen Auftrag leisten kann.

So sehr Crowdsourcing die Art und Weise verändert hat, wie Arbeit organisiert wird, Arbeitskräfte eingesetzt sowie Waren hergestellt und vertrieben werden, so bleibt doch immer die Herausforderung, die Masse der Internetnutzer ausreichend zum Mitmachen zu motivieren. Die Beiträge in Form von Zeit, Arbeit und Denkleistung werden größtenteils nicht – oder bestenfalls minimal – entgolten und eine Vielzahl unterschiedlicher Crowdsourcing-Angebote konkurriert um die Aufmerksamkeit und das Engagement der

»Crowd«. Der Gedanke liegt daher nahe, die Aufgaben so darzubieten, dass sie unterhaltsam sind. Kaum jemals ist der wahre Beweggrund eines Crowdsourcing-Arbeiters für seine Mitarbeit, aus Altruismus den Bruchteil eines Problems, das zerstückelt an die Internetgemeinde ausgelagert wurde, zu lösen. Es sind in Wahrheit andere Motive, die hier am Werk sind – das kann Darstellungsdrang sein, das Gefühl, an etwas Wichtigem mitzuarbeiten und Teil eines Ganzen zu werden oder schlicht und einfach der Wunsch, Spaß zu haben und unterhalten zu werden. Schon seit Jahrzehnten ist Forschern auf dem Gebiet der Mensch-Computer-Interaktion bewusst, wie wichtig eine unterhaltsame und Spaß bringende Darbietung von Bedienoberflächen ist und dass in dieser Hinsicht allerhand von digitalen Spielen zu lernen ist. (Vgl. etwa Malone 1982; Shneiderman 2004) Spielerische Elemente in die Bedienoberflächen zu integrieren, würde dabei immer die Motivation der Nutzer als auch die Leichtigkeit und Verspieltheit von Arbeitsaufgaben steigern, so die besagte Forschung. Dabei stehen immer Gestaltungsfragen im Mittelpunkt wie etwa: Hat die Aktivität ein klares Ziel? Gibt es ausreichend Feedback zur Erreichung des Ziels? Hat die Aktivität einen variablen Schwierigkeitsgrad? Beinhaltet die Oberfläche Metaphern, die dem Nutzer bereits bekannt sind? Spricht die Oberfläche die Fantasie des Nutzers an? Weist die Aktivität einen optimalen Grad an Informationskomplexität auf? Kommt Zufälligkeit zum Tragen, sodass das System abwechslungsreich ist, aber dennoch verlässlich bleibt? Wird Humor in geeigneter Weise eingesetzt? Im Großen und Ganzen sind es drei Eigenschaften von Computerspielen, die zur Anwendung in Bedienoberflächen empfohlen werden: Herausforderungen, Fantasie und Neugierde. (Vgl. Malone 1982)

Gamification verwandelt Arbeit in ein Computerspiel

Mit Gamification gelingt ein Schritt über diese anfänglichen Bemühungen, Anwendungen unterhaltsamer zu gestalten, hinaus: Nicht bloß die Integration von Spielmechanismen in die Bedienoberflächen wird dabei angestrebt, sondern die gesamte Anwendung soll in ein Spiel verwandelt werden. Dabei muss das Ziel immer darin bestehen, den Arbeitsaktivitäten nicht bloß eine spielähnliche Oberfläche »überzustülpen« – dies würde von Nutzern schnell durchschaut werden und hätte wenig Einfluss auf deren Motivation und Engagement –, die Aktivitäten selbst müssen als Spiel gestaltet werden, damit Gamer dazu gebracht werden, Arbeit zu leisten, die sich gar nicht wie Arbeit anfühlt. Dabei sollte die Nutzererfahrung darin bestehen, Spaß zu haben, Unterhaltung zu finden, aber auch sollten die Spiele eine gewisse intellektuelle Herausforderung bieten, die sie interessant machen. Da Crowdsourcing auf dem Paradigma der »Weisheit der Vielen« (vgl. Surowiecki 2004) aufbaut, gilt es, auch die in diesem Zusammenhang angewandten Spiele nach den Prinzipien zu gestalten, wonach Gruppen oftmals bemerkenswert schlau handeln: Dies funktioniert jedoch nur, wenn die Gruppe bunt zusammengewürfelt und geografisch verteilt ist, zudem dürfen sich die Gruppenmitglieder gegenseitig in ihren Entscheidungen nicht beeinflussen dürfen. Spiele müssen im Rahmen von Gamification so aufgesetzt werden, dass diese Kriterien erfüllt werden, um das volle Potenzial der »Weisheit der Vielen« für sich nutzbar zu machen. Und freilich werden die Annahmen über die Intelligenz von Kollektiven auch erst dann wahr, wenn sich eine große Anzahl von Menschen beteiligt. Eine massenhafte Generierung von wertvollen Inhalten kommt immer erst durch die massenhafte Beteiligung von Spielern zustande – alle Spiele müssen daher darauf hinwirken, aus Nischen herauszutreten.

Wie die eigentlichen Arbeitsaufgaben verschleiert werden und der Spieler tatsächlich den Eindruck gewinnt, ein Computerspiel zu spielen, macht *Digitalkoot* sehr eindrucksvoll vor. Schon der Name ist Programm, leitet er sich doch vom finnischen Ausdruck »talkoot« ab, der den in Finnland verbreiteten Brauch bezeichnet, dass eine Gruppe von Leuten – Freunde oder Nachbarn – zusammenkommt, um gemeinsam und unentgeltlich Arbeiten zu verrichten, zum Beispiel etwas zu bauen oder zu reparieren. Diese Art von unentgeltlicher Gemeinschaftsarbeit macht sich nun die Finnische Nationalbibliothek im digitalen Raum zunutze: In *Digitalkoot* gilt es, Maulwürfe zu retten. Spieler bauen Brücken und verhindern dadurch, dass die kleinen Kreaturen in den Abgrund stürzen. *Digitalkoot* wirkt wie ein gewöhnliches Computerspiel, aber natürlich steckt mehr dahinter als Brücken für Maulwürfe zu errichten: Freiwillige helfen dabei, die elektronischen Archive der Bibliothek nach Fehlern zu durchsuchen. Das Prinzip ist denkbar einfach: Spieler erhalten Wörter präsentiert und müssen die richtige Buchstabenfolge eintippen. Bei korrekter Eingabe wird der Brücke ein weiteres Teilstück hinzugefügt, das der Maulwurf gefahrlos betreten kann, andernfalls hält die Brücke nicht und der Maulwurf stürzt ab. Die präsentierten Wörter stammen allesamt von Millionen von Seiten aus Zeitungen und Magazinen, die durch automatisierte Texterkennung digitalisiert wurden. Da solche Verfahren fehleranfällig sind, weil sich Maschinen bei der Umwandlung von Bild in Text schwertun, braucht es das menschliche Auge, um Fehler auszumerzen. *Digitalkoot* ist so aufgebaut, dass sich die einzelnen Spieler immer wieder gegenseitig kontrollieren und dadurch absolute Fehlerfreiheit garantieren, bevor ein Wort endgültig genehmigt wird. Bis Juni 2011 beteiligten sich 55.000 Menschen an der digitalen Fehlersuche und leisteten 3.400 Stunden freiwillige, unbezahlte Arbeit. Dabei reicht die »Arbeitszeit« pro Person von einigen Sekunden bis zu mehr als hundert Stunden, durchschnittlich beträgt die Beteiligung neun Minuten und 18 Sekunden. (Vgl. De Benetti 2011)

Abb. 9   *Digitalkoot* (Quelle: http://www.digitalkoot.fi/en/splash#. Zugriff: 05.03.2012)
Die Bewahrung des Kulturerbes wird zur Gemeinschaftsaufgabe: Damit die Zeitungsbestände der Finnischen Nationalbibliothek auch im Internet recherchierbar werden, lagert die Bibliothek einen Teil dieser Aufgabe an Computerspieler aus. Mit dem Spiel »Mole Bridge« (links) ergänzen Spieler Wörter, die der Computer nicht lesen konnte; in »Mole Hunt« (rechts) geht es darum, Wörter zu identifizieren, die maschinell falsch erfasst wurden.

Spielen im Dienste der Wissenschaft

Auch die Wissenschaft nutzt die enorme Energie und Problemlösungskraft, die Menschen in Computerspiele stecken, für ihre Zwecke. *Foldit* ist ein Beispiel dafür, wie auch komplexe wissenschaftliche Probleme durch die »Crowd« bearbeitet werden. Das von Forschern der University of Washington entwickelte MMOG hat zum Ziel, dem Rätsel der Proteinfaltung auf die Spur zu kommen. Immer noch versuchen Wissenschaftler herauszufinden, wie die langen Ketten von Aminosäuren, aus denen Proteine bestehen, sich zu ihrer spezifischen dreidimensionalen Struktur falten. Proteine sind für eine Vielzahl unterschiedlicher Prozesse im menschlichen Körper verantwortlich, deren Ausführung nur durch eine definierte Struktur möglich ist. Proteine sind beteiligt am Wachstum, an der Blutgerinnung, an der Infektionsabwehr und vielem mehr. Eine falsche Faltung kann die verschiedensten Krankheiten – von Krebs über die Alzheimer- bis zur Parkinson-Krankheit – hervorrufen, weswegen es für die Medizin von größter Bedeutung ist, ein Verständnis von der Funktionsweise der Proteinfaltung zu erlangen. Da Proteine bei der Entstehung so vieler Krankheiten beteiligt sind, führt auch der Weg der Heilung über sie. Bei *Foldit* geht es nun darum, sowohl natürlich vorkommende Proteine zu bestimmen als auch neue Proteine herzustellen, die Krankheiten verhindern oder heilen helfen. Zu diesem Zweck wird dem Spieler grafisch ein Proteinmodell dargestellt und er hat sodann die verschiedensten Manipulationsmöglichkeiten dieser Kette: Durch Drehen, Dehnen oder die Generierung von Wasserstoff-Verbindungen sollen Proteine mit dem niedrigsten Energiezustand hergestellt werden. *Foldit* kann man sich als eine Art 3-D-Tetris vorstellen, und wie ein echtes Computerspiel weist es die verschiedensten Spielmechanismen auf. Zug um Zug wird der Energiezustand des Proteins kalkuliert, wofür Punkte vergeben werden. Die Spieler können Teams bilden und jederzeit ihre Resultate in der Einzel- oder Gruppenwertung vergleichen. Zwar könnten die Aufgabe des Proteinfaltens auch Computer erledigen, jedoch sind Menschen darin viel schneller, weil sie beim Spielen ein Gespür dafür entwickeln, wie ein »gutes« Protein auszusehen hat.

Auch *EteRNA* ist solch ein globales Labor, in dem Wissenschaftler gemeinsam mit Gamern an der Lösung eines wissenschaftlichen Problems arbeiten. Ribonukleinsäure (RNA) ist verantwortlich für die Umsetzung genetischer Information in Proteine. Um neue Erkenntnisse über RNA-Moleküle zu gewinnen und sie später einmal zur Bekämpfung von Krankheiten synthetisch herstellen zu können, setzen Wissenschaftler auf *EteRNA*: Dabei geht es darum, die vier Basen – Adenin, Guanin, Cytosin und Uracil – in RNA-Molekülen so anzuordnen, dass die Moleküle sich zu einer bestimmten Form falten. Die Regeln – welche Basen eine Verbindung bilden und welche nicht – sind schnell erlernt und die ersten »Spielerfolge« stellen sich postwendend ein, jedoch steigt bald schon – wie bei jedem Computerspiel – der Schwierigkeitsgrad. Jede Woche werden die besten Kreationen der Spieler in einem Labor synthetisch erzeugt. Damit erhalten die Spieler einerseits eine direkte Rückmeldung, ob »ihre« RNA funktioniert, und andererseits bemessen sich nach diesem Test die Punkte im Spiel.

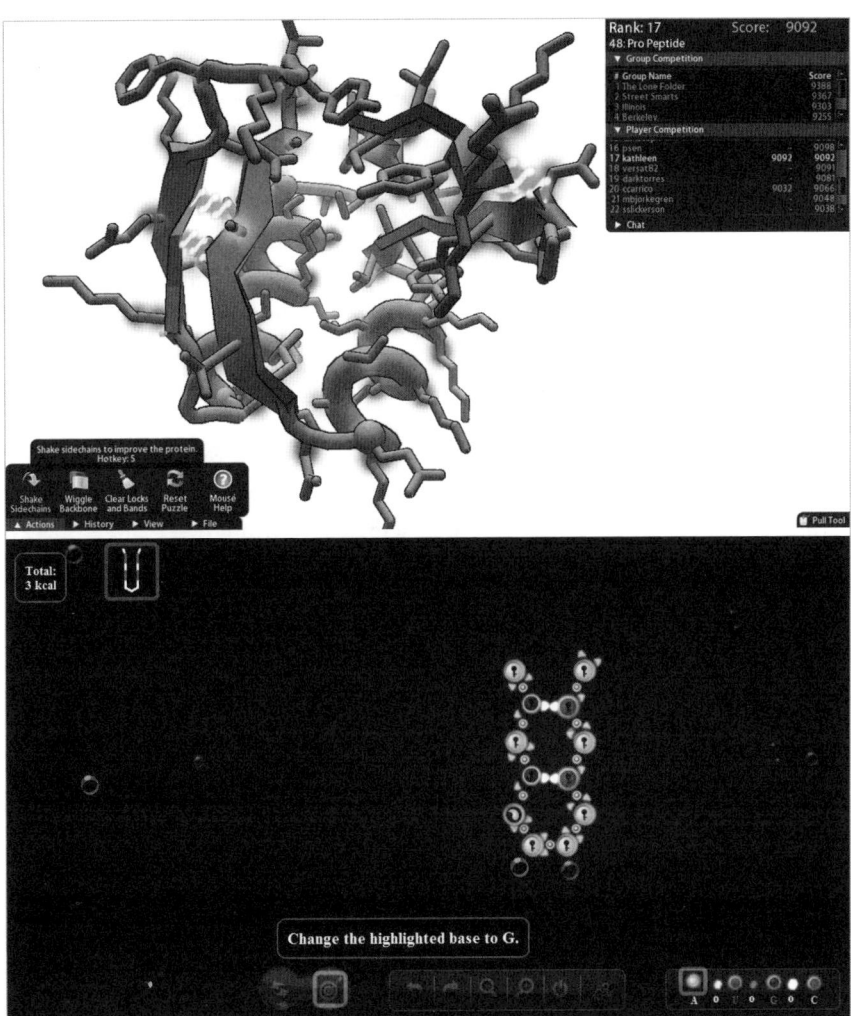

Abb. 10 *Foldit* (Quelle: http://fold.it. Zugriff: 08.03.2012),
EteRNA (Quelle: http://eterna.cmu.edu. Zugriff: 08.03.2011)

Spielen im Dienste der Wissenschaft: *Foldit* und *EteRNA* verpacken echte wissenschaftliche Rätsel in Computerspiele und machen auf diese Weise die spielende Internetcommunity zu unbezahlten Laborhelfern.

Es gibt noch unzählige andere Beispiele von Plattformen im Internet, auf denen Nutzer freiwillig und unentgeltlich Arbeit verrichten – und immer öfter werden diese mit Spielmechanismen versehen und sehen Online-Computerspielen oftmals zum Verwechseln ähnlich. In anderen Fällen aber erledigen wir auch Aufgaben ohne es nur zu ahnen. Viele Online-Systeme weisen mittlerweile so genannte CAPTCHAs (Completely Automated Public Turing Test To Tell Computers and Humans Apart) auf, jene entstellt (z.B. verdreht, durchgestrichen, verzerrt) dargestellten Buchstaben-Zahlen-Folgen, die bei korrektem Nachtippen den Seitenbesucher als Menschen legitimieren. (Vgl. von Ahn et al. 2003) Dadurch wird die Nutzung von bestimmten Diensten im Internet durch Bots, also weitgehend selbständig agierende Computerprogramme, verhindert, weil der CAPTCHA-Test für Menschen einfach zu bestehen ist, nicht aber für die gegenwärtigen Computerprogramme. Millionen von CAPTCHAs werden weltweit jeden Tag ausgefüllt, was dem Internetnutzer jedes Mal ein paar Sekunden seiner Zeit abbringt. Das mag für den Einzelnen verkraftbar sein, insgesamt kosten die kleinen Rätsel aber täglich einige Hunderttausend Stunden Arbeit. Das Projekt reCAPTCHA (vgl. von Ahn et al. 2008) macht diesen menschlichen Arbeitsaufwand nun einem höheren Zweck nutzbar: Das Prinzip ist identisch mit dem von CAPTCHA, jedoch werden anstelle frei erfundener Zeichenschnipsel Bilder von Wörtern gezeigt, die bei der Digitalisierung von Büchern und der nachfolgenden automatischen Texterkennung nicht erkannt wurden. Dabei steht man vor dem Paradox, dass Computer CAPTCHAs nicht lesen können, gleichzeitig aber beurteilen sollen, ob die Eingabe des Nutzers korrekt ist. Gelöst wird dieses Dilemma, indem zwei Wörter präsentiert werden: ein Wort, das bei der Texterkennung nicht erkannt wurde, zusammen mit einem Wort, für das man die richtige Antwort bereits kennt. Gibt der Nutzer das bekannte Wort richtig ein, so wird angenommen, dass die Eingabe auch für das unbekannte Wort korrekt ist. Um die Wahrscheinlichkeit einer richtigen Antwort zu erhöhen, wird ein Wort immer mehreren Nutzern vorgelegt.

Zwar ist reCAPTCHA kein Spiel, gibt auch gar nicht vor, eines zu sein – es agiert schlicht als Zugangstor zu verschiedenen Webseiten und -diensten. Interessant ist das Projekt jedoch in diesem Zusammenhang, weil eine Reihe anderer Spiele auf dem Prinzip von reCAPTCHA aufbauen und ebenso dazu beitragen, durch die massenhafte Arbeitsleistung der »Crowd« das Internet nutzerfreundlicher zu gestalten. Allesamt – ebenso wie auch schon CAPTCHA – stammen sie von Luis von Ahn, Unternehmer, Professor für Computer Science an der Carnegie Mellon University in Pittsburgh, Pennsylvania und einer der bedeutendsten Pioniere auf dem Gebiet des Crowdsourcing. »Games with a Purpose« (von Ahn 2006) – Spiele mit einem Zweck – nennt von Ahn seine Schöpfungen, die jeweils auf dem Fakt beruhen, dass es immer noch viele Aufgaben gibt, die trivial für Menschen sind, aber selbst für die ausgereiftesten Computerprogramme ein ernsthaftes Problem darstellen. Die Idee hinter dem Paradigma des »Games with a Purpose« ist es, die Leistungsfähigkeit der Gehirne von Millionen menschlicher Internetnutzer anzuzapfen, die in ihrer Gesamtheit leicht der Rechenkraft der meisten Computersysteme das Wasser reichen können. Durch die Vernetzung dieser Einzelleistungen ergeben sich völlig neue Möglichkeiten – von »Human Computation« spricht Luis von Ahn deshalb, wenn gemeinhin von »Crowdsourcing« die Rede ist, gemeint ist aber in jedem Fall die Kombination der spezifischen Fähigkeiten von Mensch und Maschine. Und damit Menschen ihre Arbeitskraft zur Verfügung stellen, macht sich von Ahn ein zweites Faktum zunutze: dass Menschen gerne unterhalten werden. Tagtäglich verbringen Menschen Milliarden von Stunden mit Computerspielen – was wäre, wenn man diese Zeit und Energie in nützliche Arbeit kanalisieren könnte?

Spiele polieren das Internet auf

Diese neuen Möglichkeiten der Mensch-Maschine-Zusammenarbeit und das Faible der Menschen für Computerspiele lassen sich etwa nutzen, wenn es um die Verbesserung eines alten Problems des Internets geht. Die Bildersuche im Web funktionierte bislang mehr schlecht als recht: Um passende Bilder zu einem Suchbegriff zu finden, wurden bislang die Namen der Bilddateien sowie der ein Bild umgebende Text nach dem Suchbegriff durchforstet. Wer schon einmal nach Bildern im Internet gesucht hat, weiß, dass die Suchergebnisse oftmals alles andere als zufriedenstellend sind. Um die Ergebnisse zu verbessern, gäbe es natürlich den Weg, sämtliche Bilder im Netz zu verschlagworten. Selbst ein Offshoring in Billigstlohnländer würde diese Aufgabe allerdings zu einer extrem kostspieligen machen. Warum also nicht Leute dazu bringen, dies freiwillig, ohne Entlohnung zu tun, dachte sich Luis von Ahn, indem man nämlich die Verschlagwortung der Millionen von Bildern im Netz in ein Spiel verwandelt. Heraus kam dabei das *ESP Game* (vgl. von Ahn/Dabbish 2004), welches mittlerweile von *Google* gekauft wurde und als »Google Image Labeler« zur Verbesserung von *Googles* Bildersuche eingesetzt wird. Spieler erhalten die Aufgabe, die Gedanken des Gegenspielers zu lesen, indem sie dessen Assoziationen zu einem Bild erraten. Je mehr Treffer beim »Gedankenlesen«, desto mehr Punkte gibt es und desto höher steigt man auf der Rangliste. Das Ganze läuft so ab: Zwei Spielern, die zufällig gruppiert werden, werden Bilder gezeigt, zu denen sie Schlagwörter eingeben müssen, die das Bild beschreiben und von denen sie meinen, dass auch der zweite Spieler diese Begriffe wählt. Bei einer Übereinstimmung der eingegebenen Schlagwörter verdienen die Spieler Punkte. Die dahintersteckende Idee ist, dass von denjenigen Begriffen, die beide Spieler eingeben, vermutet wird, dass sie hochgradig zutreffende Schlagwörter zur Kategorisierung der Bilder für Suchmaschinen darstellen. Das *ESP Game* ist so aufgebaut, dass möglichst viele Begriffe pro Bild eingegeben werden, denn die beste Strategie, möglichst viele Punkte abzuräumen, ist es, so viele Begriffe wie möglich einzugeben. Das Spiel ist mit einer Vielzahl von Vorkehrungen versehen, die die korrekte Verschlagwortung sichern und eine Manipulation seitens der Spieler verhindern, so werden Bilder etwa mehreren Spielerpaaren präsentiert, bevor die Schlagwörter in der Datenbank landen, oder ein Spieler wird zwischendurch immer wieder einmal mit einem Computer als Mitspieler gepaart und es werden Bilder mit bekannten Schlagwörtern gezeigt, um die Richtigkeit der Eingaben zu prüfen.

Nicht nur zur besseren Auffindbarkeit digitaler Bilder im Internet, auch zum Ordnen und Wiederfinden von Kunstwerken kommt dieses Spielprinzip zum Einsatz: Das *Institut für Kunstgeschichte* an der *Ludwig-Maximilians-Universität München* nutzt ein Spiel namens *ARTigo*, um Bilder und Skulpturen von Spielern verschlagworten zu lassen. Diese Aufgabe ist extrem zeitraubend und von den Mitarbeitern kaum zu leisten. In Form eines Spiels an die Internetgemeinde ausgelagert, bleiben die Mitarbeiter des Instituts von dieser Tätigkeit unbehelligt.

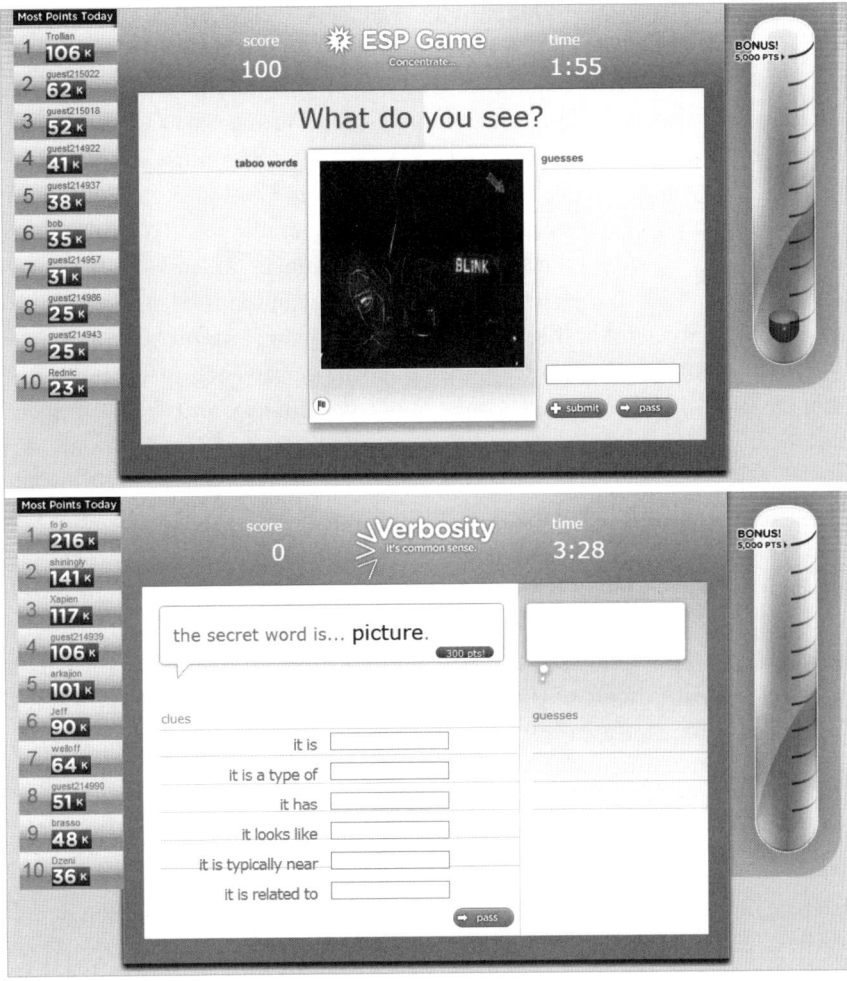

Abb. 11 *ESP Game* (Quelle: http://www.gwap.com/gwap/gamesPreview/espgame/.
Zugriff: 05.03.2012),
Verbosity (Quelle: http://www.gwap.com/gwap/gamesPreview/verbosity/.
Zugriff: 05.03.2012)

Spielen als Gratisarbeit: Das *ESP Game* und *Verbosity* sind zwei Beispiele von Luis von
Ahns »Games with a Purpose«, mit denen Spieler dazu beitragen können, das Internet
»schlauer« zu machen.

Während das *ESP Game* klären kann, welche Objekte sich auf einem Bild befinden, taugt es nicht dazu, die genaue Lage der Objekte im Bild festzustellen. Solche Lokationsinformationen sind jedoch notwendig, um maschinelles Sehen weiterzuentwickeln; zur maschinellen Auswertung von visuellen Informationen müssen Objekte maschinell erkannt, das Bild muss »verstanden« werden. Luis von Ahns Spiel *Peekaboom* (vgl. von Ahn/Liu/Blum 2006) baut auf den über das *ESP Game* gesammelten Daten auf und reichert sie mit Ortsinformationen für jedes Objekt im Bild an – genaugenommen identifiziert das Spiel, welche Pixel zu welchem Objekt im Bild gehören. Dabei werden wiederum zwei Spieler zufällig zu einem Spielerpaar gruppiert. Ein Spieler (»Peek«) beginnt mit einem leeren Bildschirm, der zweite Spieler (»Boom«) sieht ein Bild sowie ein dazugehöriges Wort, das direkt vom *ESP Game* geliefert wird. »Peeks« Aufgabe ist es, das Wort zu erraten, während »Boom« den betreffenden Bereich langsam durch Klicken auf die betreffende Stelle im Bild freigibt – mit jedem Klick wird eine kreisförmige Fläche mit einem Radius von 20 Pixeln sichtbar. Da es bei schneller Übereinstimmung Punkte gibt, ist »Boom« daran gelegen, nur jene Fläche zu zeigen, die tatsächlich zum betreffenden Objekt gehört. Für jedes Bild-Wort-Paar ergeben die Daten mehrerer Spiele zusammengenommen die Fläche im Bild, an der das Objekt zu sehen ist.

Luis von Ahn entwickelte noch eine ganze Reihe ähnlicher Spiele, die sich die gemeinsame Problemlösungskraft von Menschen zunutze machen, die über das Internet miteinander vernetzt sind. So etwa *Phetch* (vgl. von Ahn et al. 2007), das Bildern im Internet Textbeschreibungen beifügt, sodass sie sehbehinderten Menschen leichter zugänglich werden, oder *Verbosity* (vgl. von Ahn/Kedia/Blum 2006), das Aussagen des gesunden Menschenverstands, also solchen, die Menschen selbstverständlich sind und von den meisten geteilt werden, die Computer aber nicht kennen (z.B. »Milch ist weiß«, »Autos haben vier Räder«), sammelt. Solche Allerweltsfakten sind notwendig zur Weiterentwicklung Künstlicher Intelligenz. Die durch *Verbosity* gesammelten Fakten fließen in die Datenbank der *Open Mind Initiative* ein, die es sich zum Ziel gesetzt hat, Computern all das beizubringen, was wir alle wissen (»teaching computers the stuff we all know«), um die Entwicklung intelligenter Software zu unterstützen, die zukünftig imstande ist, etwa Sprache zu erkennen, handgeschriebenen Text zu lesen, Objekte auf Bildern zu erkennen usw. – auch nach Jahren der Forschung können Computer solche Aufgaben immer noch um vieles schlechter lösen als Menschen. Auch um das Internet »klüger« zu machen, kommen »Games with a Purpose« zum Einsatz: Ein großes Problem mit den rasant anwachsenden Datenmassen im World Wide Web ist es heute, dass die Auffindbarkeit nützlicher Informationen immer schwieriger wird. Dies liegt zu einem großen Teil daran, dass Computer keine Bedeutungen generieren können. Zwar können sie gewaltige Datenmengen in kürzester Zeit verarbeiten, aber sie verstehen nicht, *was* sie überhaupt verarbeiten. Schon lange bemühen sich Computerwissenschaftler um die Beantwortung der Frage, wie man Computern die Bedeutung von Informationen beibringt. Das Grundproblem, dass Menschen und Maschinen grundsätzlich unterschiedliche Sprachen sprechen, soll gelöst werden, indem dem Computer in *seiner* Sprache die Bedeutung der Dinge erklärt wird. Dies ist die grundsätzliche Idee des Semantischen Webs. Dieses fügt dem Web eine Bedeutungsebene hinzu, indem so genannte Annotationssprachen Dateien mit zusätzlichen Informationen versehen. Zudem werden Netzwerke aus Definitionen gesponnen, die die Welt so abbilden sollen, wie Menschen sie sehen. Diese Netzwerke werden Ontologien genannt und bilden eine Theorie darüber, welche Dinge in der Welt existieren und in welcher Beziehung sie zueinander stehen. Konkret handelt es sich um Dateien, die Verbindungen zwischen Ausdrücken herstellen. Wie diese Verbindungen und Ausdrücke hergestellt werden, ist durch gemeinsame Regeln bestimmt, sodass die verschiedenen Ontologien miteinander verbunden werden können. Man kann sich leicht vorstellen, dass sowohl Annotation als auch das Bilden und Verbinden der Ontologien einen immensen Arbeitsaufwand darstellen. Aber auch für diese Aufgaben, die dazu beitragen, das Semantische Web zu weben, wurden bereits Online-Spiele entwickelt: *OntoGame* ist eine Serie verschiedener Spiele, die semantische Inhalte generieren. (Vgl. Siorpaes/Hepp 2008)

Wie all diese Beispiele zeigen, werden Spiele mehr und mehr eingesetzt, wo immer es darum geht, massenhaft Daten zu sammeln. Stets ist dies eine zeitaufwendige und daher kostspielige Angelegenheit, fallen die Daten aber quasi als Beiwerk eines Spiels an: umso besser! In unserem Zeitalter der tragbaren elektronischen Geräte, in dem fast jedermann einen Minicomputer in der Hosentasche mit sich trägt, finden sich freiwillige Datenlieferanten nicht länger nur hinter heimischen Bildschirmen, sondern überall. Spiele machen dementsprechend immer stärker den Schritt nach draußen und verweben die On- und Offline-Welten. *PhotoCity* (vgl. Tuite et al. 2010) etwa nutzt die Tatsache, dass immer mehr Menschen im Besitz einer Digitalkamera sind, zur Verwirklichung des Ziels, Schauplätze der realen Welt sowie ganze Städte in digitale 3-D-Modelle umzusetzen, die für Zwecke der Navigation, Visualisierung und Planung wertvolle Dienste leisten. Es gibt bereits Bilderkennungsalgorithmen, die automatisch 3-D-Modelle von Gebäuden oder anderen Schauplätzen anfertigen und zu diesem Zweck auf riesige Fotodatenbanken zugreifen, wie sie etwa auch im Internet mit den immer beliebter werdenden Fotocommunitys (z. B. *Flickr*) öffentlich zugänglich sind. Dabei ergibt sich jedoch das Problem, dass solcherart gewonnene Modelle immer unvollständig bleiben, weil zumeist nur »gewöhnliche« Perspektiven populärer Schauplätze, wie beispielsweise Sehenswürdigkeiten, verfügbar sind. Um vollständige, zusammenhängende Ansichten gesamter Straßenzüge oder gar Städte in hoher Auflösung zu erhalten, sind um einiges mehr Fotos notwendig als sie heute zur Verfügung stehen. Daher werden die Spieler in *PhotoCity* auf eine Art fotografische Schnitzeljagd geschickt: Die zu fotografierenden Schauplätze sind auf der Webseite des Spiels oder auf einer Anwendung für Smartphones auf einer Landkarte markiert, Spieler entscheiden sich für die Orte, die sie fotografieren möchten, gehen hin, machen die Fotos und laden sie in eine Datenbank. Weil die Bilder nicht nur von einem einzigen Spieler angefertigt werden, entstehen ständig neue 3-D-Punkte, die das Modell stetig vervollständigen. Dabei hat der Spieler gewisse Anforderungen an die Fotos zu erfüllen, je besser dies gelingt, desto eher ergeben sich 3-D-Punkte, welche direkt mit Spielpunkten korrespondieren. In der fiktionalen Welt des Spiels gilt es Markierungen einzusammeln und Gebäude zu »erobern«.

Auch *CityExplorer* schickt seine Spieler, die im Besitz eines Mobiltelefons mit Lokalisierungstechnologie (z. B. GPS) sein müssen, nach draußen, und zwar um Geodaten zu sammeln. Bei dem – dem preisgekrönten Brettspiel »Carcassonne« nachempfundenen – Spiel geht es darum, Orte eines bestimmten Typs (z. B. Restaurants oder Bars) anzusteuern und virtuelle Markierungen zu setzen; als Beweis, dass ein Spieler tatsächlich vor Ort war, macht er dort ein mit Geodaten versehenes Foto. Die *CityExplorer*-Webseite stellt Software zur Installation auf dem Mobiltelefon zur Verfügung ebenso wie eine Landkarte, auf der die virtuellen Markierungen zu verfolgen sind. Das Spiel kann einen Tag oder aber auch einige Wochen dauern und Sieger wird, wer die meisten Markierungen gesetzt hat.

Crowdsourcing hat einen gewaltigen Einfluss darauf, wie Aufgaben heute erledigt werden und welches Potenzial Unternehmen anzapfen können – viele Aufgaben werden auf diese Art und Weise erst erledigt, die ansonsten nicht einmal in Angriff genommen werden würden. Und mit dem Erfolg der vielen Crowdsourcing-Projekte wird die Bedeutung dieser neuen Organisationsform von Arbeit in Zukunft sicherlich weiter zunehmen. Die vielen oben aufgeführten Beispiele zeigen, wie Gamification den Erfolg von Crowdsourcing noch steigern kann, indem noch mehr Menschen zum Mitmachen gewonnen werden. Das Angebot von Unterhaltung und Spiel wird so zu einer neuen Währung im Austausch gegen Arbeitskraft.

6.3 Spielerisch die Welt retten: Spiele sind mehr als Unterhaltung

65 Prozent der deutschen Bevölkerung (im Alter von über acht Jahren, mit Internetzugang) spielen Videospiele – das sind 35,5 Millionen Menschen. Auf durchschnittlich 4,6 Stunden bringen es die Spieler pro Woche. MMOGs werden von 11 Prozent gespielt. Wirft man einen Blick über den großen Teich, so ist die Spielergemeinde noch größer: In den USA spielen 83 Prozent der Bevölkerung, die dafür jeweils rund 10,5 Stunden wöchentlich aufwendet. MMOGs werden sogar von 21 Prozent der US-amerikanischen Bevölkerung gespielt. (Vgl. TNS/Gamesindustry.com: 2009)

Aber Videospiele haben sich nicht nur zu einem gigantischen Markt und Freizeitsektor entwickelt, auch haben sie neue Denkweisen und Problemlösungsstrategien hervorgebracht. In kaum einem anderen Bereich funktioniert die webbasierte Kollaboration derart gut wie in der Welt der Spiele. Online Games bringen einen stets wachsenden und hoch entwickelten Reichtum an Ressourcen hervor: Spieler spielen nicht nur, um sich die Zeit zu vertreiben, sondern weil sie sich in einen Wettlauf begeben, unter den Ersten zu sein, die ihre Strategien und Entdeckungen im Internet mitteilen und mit anderen teilen möchten. Auf diese Art und Weise tragen Hunderttausende von Spielern in Diskussionsforen, Blogs und Wikis zusammen, was sie im Spiel gelernt haben: Geheimnisse, Taktiken und Erfahrungen.

Ab März 2010 machten sich Menschen auf der ganzen Welt zehn Wochen lang daran, zehn Missionen zu erfüllen, die sich allesamt um die Lösung globaler Probleme wie Hunger, Armut, Seuchen, Klimawandel, Bildung und Menschenrechte drehten. Im Fokus des vom *Weltbank Institut* initiierten Spiels *Evoke* standen die Entwicklungsprobleme in Afrika, die durch die weltweite Zusammenarbeit der Gaming-Commmunity bekämpft werden sollten. Insgesamt hatten sich 19.324 Menschen aus 150 Ländern für die Teilnahme an *Evoke* registriert, davon waren 4.693 aktive Spieler. Im Laufe der zehn Missionen wurden 23.500 Blogeinträge, 4.700 Fotos und über 1.500 Videos produziert. (Vgl. Hawkins 2010) Die Spieler entwickelten Ideen, vernetzten sich mit anderen, kommentierten Projekte, tauschten Informationen aus und bewerteten die Qualität dieser Informationen. All dies zeigt, dass *Evoke* einen Raum für Dialoge eröffnet hat, die ansonsten wahrscheinlich nicht geführt worden wären.

Der solcherart stattfindende kollektive Wissensaufbau ist ein wichtiger Aspekt der gegenwärtigen Spielkultur im Netz, wird zumeist aber übersehen. Die vorherrschenden Stereotype vom unsozialen Spieler, der es einzig auf Unterhaltungskonsum und nicht auf kreatives Schaffen abgesehen hat, stellen nur allzu oft in den Schatten, dass die meisten Videospieler eingebunden sind in kollaborative Netze, die zum Ziel haben, die Mechanismen ihrer Lieblingsspiele umfassend zu verstehen. So gesehen ist die Gaming-Community ein Phänomen kollektiver Intelligenz, »die überall verteilt ist, sich ununterbrochen ihren Wert erschafft, in Echtzeit koordiniert wird und Kompetenzen effektiv mobilisieren kann« (Levy 1997: 29)

Abb. 12 *Evoke* (Quelle: http://www.urgentevoke.com/. Zugriff: 05.03.2012)

Spielend die Welt retten: *Evoke* macht sich die vereinte Kreativität der Internetspielgemeinde zunutze und schickt sie auf Missionen zur Weltrettung. Nachdem die einzelnen Missionen bildreich erzählt wurden, können Spieler diese diskutieren und weiter erkunden, bevor es daran geht, Spielstrategien zu überlegen und umzusetzen.

Spiele sind soziale Aktivitäten des Problemlösens

Es liegt im Wesen von Spielen begründet, dass sich diese neuen Fähigkeiten der Zusammenarbeit – und darauf aufbauend kollektive Intelligenz – in der Online-Gaming-Welt bilden. Denn Spiele – sowohl digitale als auch herkömmliche – sind soziale Aktivitäten des Problemlösens. Nichts anderes liegt jeder Leistung kollektiver Intelligenz zugrunde. Schon Albert Einstein wusste Jahrzehnte bevor das erste Videospiel existierte: »Das Spiel ist die höchste Form der Forschung.« Denn beim Spielen sind Aufmerksamkeit und Denkvermögen aller Spieler auf das gemeinschaftliche Meistern der spielerischen Herausforderung gerichtet, welche zumeist visuell-räumlicher, psychologischer und strategischer Art ist. Der Netzwerkeffekt moderner Computerspiele hebt die soziale Problemlösungsaufgabe noch auf ein höheres Niveau, denn immerzu steht beim Online-Spiel eine Unmenge an Mitspielern zur Kollaboration bereit.

Gaming ist in unserer Gesellschaft derart weit verbreitet und es wird so viel Zeit in Computerspiele investiert, dass die Welt der Spiele an einem Scheidepunkt angelangt ist: Einerseits kann die für Spiele aufgebrachte enorme Energie und Zeit weiterhin alleinig in Fantasy-Welten fließen, um dort zu reinen Unterhaltungszwecken phantastische Geschichten weiterzuspinnen; andererseits wäre es aber auch denkbar, diese Ressourcen auf die Lösung von Problemen der realen Welt anzuwenden, um die Gesellschaft, in der wir leben, zu verbessern, um etwa das Schul- oder Gesundheitswesen zu optimieren, der Energieversorgung neue Impulse zu geben oder Lebensumstände in weniger privilegierten Regionen der Erde zu verbessern.

Bereits bei antiken Spielen herrschte die Idee vor, dass das Spiel Wissen enthält und seinen Spielern offenbart, das ihnen andernfalls verwehrt geblieben wäre. Zunächst glaubte man an mystische Quellen, später an Mathematik und Logik, die die Komplexität in den Griff bekommen könnten und so Wissen enthüllen. Bis zur heutigen Zeit herrscht die Vorstellung, dass das Spiel eine grundlegende menschliche Aktivität ist, die Kreativität freisetzt und verfestigte Strukturen durchbricht, sodass Neues entsteht und Lösungen für unlösbar geglaubte Probleme gefunden werden können. Seit der Neuzeit ist der *homo ludens* ein Erklärungsmodell für den spielenden Menschen, der seine Fähigkeiten insbesondere über das Spiel entwickle. Je besser verstanden wird, was Spiele für Menschen so anziehend macht, warum Spielen Menschen derart fesselt und motiviert, desto eher wird es gelingen, ähnliche Prinzipien anzuwenden, um Menschen zu nützlichen Aktivitäten zu bewegen, denen sie zögernd gegenüberstehen.

Es gibt bereits viele Anzeichen, dass das immense Potenzial dieser neuen Form der Zusammenarbeit, um Probleme der realen Welt mit Hilfe von Online-Spielen anzugehen, erkannt wird. Der Trend zu Gamification tritt nicht nur im wirtschaftlichen Umfeld auf, sondern immer öfter auch dort, wo es darum geht, unsere Welt zu einer besseren Welt zu machen.

Evoke ist ein gutes Beispiel dafür, wie enorme Zeit und Energie durch Spiele gebündelt und in nützliche Innovation verwandelt werden kann. Clay Shirky (2010), Assistenzprofessor für Neue Medien an der New York University, bezeichnet diese Fähigkeit der Weltbevölkerung, an großen, manchmal sogar globalen Projekten zusammenzuarbeiten, als »cognitive surplus« (kognitiver Überschuss) und beziffert diesen Überschuss zur Veranschaulichung sogar: Um die gesamte *Wikipedia*, »jede Seite, jeden Eintrag, jede Diskussionsseite, jede Programmzeile, in allen Sprachen, in der *Wikipedia* existiert«, zu erstellen, waren insgesamt circa 100 Millionen Stunden an gedanklicher Arbeit vonnöten. Shirky stellt dieser Zahl den Fernsehkonsum in den USA gegenüber: dieser frisst jährlich 200 Milliarden Stunden der den Menschen verfügbaren Zeit. Das heißt: Die Zeit, die Amerika vor dem Fernseher verbringt, reicht aus, um jährlich 2000 *Wikipedia*-Projekte zu vollbringen. Gäben Menschen das Fernsehen auf, so wäre das Ergebnis eine unfassbare Menge an freier Zeit, die eingesetzt werden könnte, um weit nützlichere Dinge auf die Beine zu stellen. Und die gute Nachricht ist, dass es bereits viele Beispiele gibt, bei denen sich der »kognitive Überschuss« mit verschiedensten Arten von Kollaboration – vor allem über das Internet – paart. Dass es Webseiten gibt, auf denen mehr Zeit darauf verwandt wird, über bestimmte Fernsehsendungen zu sprechen als sie anzusehen, ist nur eine Erscheinungsform. Viel wichtiger sind die vielen Aktionen, bei denen Menschen eine Menge Zeit aufwenden, um über das Internet Protest zu organisieren, Benefizveranstaltungen aus der Taufe zu heben oder eben an *Wikipedia* mitzuarbeiten.

Und natürlich sind auch Spiele ganz vorne mit dabei, wenn es darum geht, diese Zeitressourcen auszuschöpfen. So schätzt etwa Peter Vesterbacka vom finnischen Spieleentwickler *Rovio*, dass insgesamt jeden Tag 200 Millionen Spielminuten für »Angry Birds«, einem ursprünglich für *Apples iPhone* konzipierten Spiel, anfallen. (Vgl. Brian 2011) Angesichts solcher Zahlen und ruft man sich den Erfolg von Spielen wie *Evoke* in Erinnerung, kommt die Frage auf: Können Online-Games zu grundlegenden Bausteinen im Kampf gegen soziale Probleme werden? Weil die neuen sozialen Medien Werkzeuge zur Verfügung stellen, die mehr erlauben als bloß zu konsumieren: Erstmals ist es für jeden Einzelnen möglich, selbst kreativ zu werden und Inhalte zu schaffen sowie diese mit anderen auszutauschen. Im 21. Jahrhundert erleben wir eine einschneidende Wende vom passiven Medienkonsum zur aktiven Teilhabe. Da Spiele naturgemäß interaktiv sind und weil wir im Laufe des 20. Jahrhunderts einen enormen Anstieg an frei verfügbarer Zeit (siehe Fernsehkonsum) beobachten konnten, könnten Spiele einen völlig neuen Weg weisen: Werden Spiele die Quelle eines radikalen Wandels sein, der die Schaffung sozialer Werte hervorbringt?

So zeigt etwa das New Yorker Unternehmen *Recyclebank*, wie Gamification einen Weg ins »echte« Leben finden kann: Durch die Anwendung verschiedenster Spielmechanismen fördert das Unternehmen umweltbewusstes Verhalten, klärt über die kleinen Dinge auf, die jedermann der Umwelt zuliebe tun kann, und beweist, dass Gamification sich nicht nur online abspielt, sondern ebenso einen Einfluss auf das Offline-Verhalten der Nutzer hat. Mit der »Green Your Home Challenge (GYHC)« gelang es *Recyclebank* nicht nur, Aufmerksamkeit auf die Webseite zu ziehen, die Marke durch die spielerischen Maßnahmen zu stärken, auch konnten die Nutzer nachweislich zu Verhaltenweisen bewegt werden, die einen positiven Unterschied für die Umwelt ausmachten, wie Umfragen belegen. Dabei ging es um die Vorstellung und Umsetzung von grünen Maßnahmen im eigenen Haus, die durch Spielmechanismen wie zum Beispiel Preise, die je nach erreichtem Level zu gewinnen waren, Leaderboards zur Statusverfolgung oder Punkte für die Weiterempfehlung befördert werden sollten. Auch das Wissen um umweltfreundliches Verhalten mehrte sich bei den Teilnehmern und ein großer Teil gab zu Protokoll, auch nach Teilnahme bei GYHC die gelernten Maßnahmen weiter verfolgen zu wollen. *Recyclebank* belohnt seine Nutzer mit Coupons oder Rabatten für umweltbewusstes Verhalten. »Gaming for Good« nennt das Unternehmen die Strategie, Menschen in Richtung Nachhaltigkeit zu schubsen, indem Spaß und Unterhaltung geboten wird.

Spielen zum guten Zweck

Die Spieldesignerin und Autorin Jane McGonigal (2011) ist eine Verfechterin der Idee, Computerspiele nicht länger nur als Zeitvertreib, als Rückzugsgebiet von der Realität oder gar als manipulierenden, verhaltensschädigenden Bösewicht zu betrachten, sondern einen positiveren Ausblick auf Computerspiele zu gewinnen: In der heutigen Gesellschaft, so McGonigal, erfüllen digitale Spiele viele menschliche Bedürfnisse, die in der echten Welt zu kurz kommen, und darüber hinaus könnten Spiele zu einer Schlüsselressource im Kampf gegen die unmittelbar anstehenden Probleme dieser Welt werden.

Dass massenhaft Energie und Zeit in Spiele fließt, hat schlichtweg auch mit der Tatsache zu tun, dass die echte Welt nicht jene maßgeschneiderten, zielsicher abrufbaren Annehmlichkeiten, anregenden Abenteuer und starken sozialen Beziehungen bietet wie es die virtuelle Welt der Spiele tut. Die Realität wird Spielen immer hinterherhinken, wenn es darum geht, effizient zu motivieren, unsere Potenziale auszuschöpfen oder uns glücklich zu machen. Diese Qualitäten sieht Jane McGonigal in Spielen und hält es daher für einen Irrweg, Spiele lediglich als Ausflüchte aus der Realität zu sehen, vielmehr werden Gamer dazu übergehen, diese Macht der Spiele zum gesellschaftlich guten Zweck einzusetzen. Weil Spiele uns permanent mit den Zutaten eines guten Lebens versorgen, nirgendwoher erhalten wir so punktgenau und zielsicher befriedigende Arbeitsaufgaben, eine echte Aussicht auf Erfolg, starke soziale Verbindungen und die Möglichkeit, Teil eines größeren Ganzen zu werden. Dies sind die Bausteine intrinsischer Belohnung, die den Grundstein für positive Lebenserfahrungen legen. Insbesondere der letztgenannte Punkt – Teil von etwas zu werden, das über die eigenen Grenzen hinausreicht – ist eine nähere Überlegung wert: Gerade durch ihre ansprechenden, mythisch aufgeladenen Geschichten und die Beteiligung und das Zusammenwirken einer Masse verschiedenster Spieler schaffen es MMOGs, solch positive Gefühle der Ermächtigung und Befähigung zu wecken und dadurch Menschen dazu zu bringen, selbstlos für einen größeren Zweck zusammenzuarbeiten. Ist es daher nicht sinnvoll, diese Stärke und Macht der virtuellen Welt auf die Lösung von Echte-Welt-Problemen zu richten? Eben dies hat Jane McGonigal mit einer Vielzahl von Spielen demonstriert und beachtliche Erfolge eingefahren: Kreiert man Spiele, die die Gaming-Community mit Problemen der realen Welt konfrontieren und deren Spielaufgabe auf die Lösung solcher Probleme gerichtet ist, dann könne man auch Resultate ernten, die verwertbare, potenziell die Welt umkrempelnde Lösungen bringen. Dazu wäre im Wesentlichen nichts anderes nötig als die zufälligen Rätsel und fiktiven Probleme eines Spiels zu ersetzen durch Fragen der Wissenschaften. Schon das von McGonigal gestaltete *Evoke* zeigte, wie es gelingen kann, im Spiel Missionen der realen Welt zu unternehmen und dadurch die Nahrungsmittelsicherheit zu erhöhen, den Zugang zu sauberer Energie zu verbessern und Armut zu reduzieren. Im Laufe des Spielgeschehens gegründete Unternehmen existieren noch heute, wie etwa die Initiative »Libraries Across Africa«, ein Franchisesystem, das lokale Unternehmer dabei unterstützt, kostenlos zugängliche Gemeindebibliotheken einzurichten.

Auch das zuvor schon angesprochene Spiel *World Without Oil* stammt von Jane McGonigal, mit dem sie die kollektive Intelligenz von Spielern auf das Problem der globalen Ölknappheit richten wollte. Sechs Wochen lang wurde eine weltweite Ölkrise simuliert und nach den Ursachen geforscht. Die Spieler hatten während des Spiels Zugriff auf Echtzeit-Ölpreise und -verfügbarkeiten und erhielten Informationen über ihren Einfluss auf regionale Ökonomien, Gesellschaften und Lebensqualität. Aufgrund dieser Informationen entwickelten die Spieler Szenarien, wie die Krise sie persönlich betreffen und sich in ihrer jeweiligen Umgebung bemerkbar machen würde. Erfahrungen wurden ausgetauscht und Vorschläge gemacht, wie wir unsere Ölabhängigkeit überwinden könnten. Als Ergebnis des Spiels existiert heute ein immenses, online zugängliches Archiv der von den Spielern erarbeiteten Ausblicke und Lösungen (www.worldwithoutoil.org).

Um die Bildung von Zukunftsszenarien geht es auch in McGonigals Spiel *Superstruct*: Während der sechswöchigen Spieldauer sollten sich die Spieler ins Jahr 2019 versetzen und den großen Zukunftsfragen nachgehen. Es gilt sich mit den vom »Global Extinction Awareness System (GEAS)« identifizierten Problemen (Ausbreitung von Pandemien, Nahrungsmittelversorgung, große Wanderungsbewegungen in Folge von Kriegen, Klimakatastrophe oder Wirtschaftszusammenbrüche, Datensicherheit, Kampf um Öl) auseinanderzusetzen, diese systematisch zu erforschen und Lösungen zu finden, um das menschliche Zusammenleben zukunftstauglich zu gestalten.

Ob solche Spiele letztendlich wirklich die Welt retten, soll dahingestellt bleiben, aber eines erreichen sie garantiert: Sie bringen Probleme unserer Gesellschaften ins Bewusstsein der Menschen, fachen Debatten und Auseinandersetzungen an und sind auf diese Weise ein großer erster Schritt auf dem Weg zu ihrer Lösung. Solche Spiele schaffen es, weltumspannend Kommunikation und Kollaboration auszulösen, sodass ein gemeinsamer Nachdenkprozess losgetreten wird. Bestimmt braucht es mehr, um die Probleme der Welt letztlich zu lösen, dies könnte jedoch ein Anfang sein.

7 Ausblick:
Gamification oder »Pointsification«?

Hinweg mit der Halbheit!

Dante Alighieri, italienischer Dichter, 1265–1321

Gamification ist also die Zukunft? Jede menschliche Aktivität wird ein Spiel sein – ob wir nun zur Bank, in die Schule, in die Arbeit gehen oder mit Behörden zu tun haben? Was einmal Routine und lästige Pflicht war, wird uns spielerisch von der Hand gehen, weil Spiele motivieren, Spaß machen und Engagement hervorrufen? Werden wir überhaupt noch merken, dass wir spielen, dass Gamification am Werk war, um uns ganz bestimmte Verhaltensweisen abzuringen?

Das Loblied auf Gamification ertönt vernehmbar, aber selten kommen die »spielifizierten« Anwendungen dann über die Vergabe von Punkten oder irgendwelcher Abzeichen und Statusmerkmale hinaus. Dabei verspricht Gamification Großes zu leisten – doch der Verdacht kommt auf, dass das, was heute als Gamification bezeichnet wird, weit hinter seinen Potenzialen zurückbleibt. Sind Punkte wirklich jener Bestandteil von Spielen, der ihren Wesenskern ausmacht und deshalb zentraler Bestandteil von Gamification werden soll? Das hieße ja: Verteile Punkte für beliebige Aktivitäten und fertig ist das Spiel! Sind nicht Punkte der unwesentlichste, unspannendste Teil eines Spiels und lediglich ein gutes Mittel, um Fortschritte sicht- und vergleichbar zu machen? Zudem sind Punkte lediglich Belohnungen, also extrinsische Motivatoren, sie haben nichts mit der inneren Motivation zu tun, ein Spiel zu spielen. Selbst bei den simpelsten Spielen sind es nicht die Punktesysteme, die die Macht von Spielen entfalten, Spieler fesseln, ihnen Energie und Zeit sowie ihre gänzliche Aufmerksamkeit abringen – dennoch stehen Punkte in den zurzeit mit dem Etikett »Gamification« ausgestatteten Anwendungen zumeist im Mittelpunkt.

Vereinzelt werden schon kritische Stimmen laut, die daher von »Pointsification« (vgl. etwa Robertson 2010) sprechen, um damit der derzeitigen Inflation von Punkten und Prämien einen – wie sie meinen – treffenderen Titel zu geben. Und es stimmt ja auch: Was den meisten gamifizierten Anwendungen heute abgeht, ist das spielerische Element. Allzu stark wird beim Design der Spiele das Sammeln von Punkten in den Mittelpunkt gestellt, anstatt Punkte als das zu betrachten, was sie sind, nämlich bloß Mittel, um Feedback zu geben. Zu kurz kommt dann oft, das Spiel durch Regeln und die zu erreichenden Ziele interessant zu gestalten. Spiele sollten immer auch Erlebnisse schaffen, den Spieler auf eine Reise in Fantasiewelten mitnehmen, ihn in Rollen abseits des täglichen Lebens schlüpfen lassen. Ein Spiel eröffnet immer auch die Möglichkeit, dem Alltag zu entrinnen, weil es die Freiheit gewährt, anders zu denken und zu handeln als dies im »normalen« Leben opportun wäre. Welche Freiheiten aber haben Spieler in »Spielen« wie *Epic Win* und vielen anderen Anwendungen, die auf der Gamification-Welle reiten? Sind Spieler hierbei nicht eher Getriebene, gefangen in einem engen Korsett aus Regeln?

Was macht ein gutes Spiel aus?

Gute Spiele fordern Spieler heraus, stellen knifflige Rätsel, sorgen für Erfolgserlebnisse und geben das Gefühl, eine Sache zu beherrschen und zu meistern. Sie verlangen ihren Spielern Entscheidungen in komplexen Situationen ab. Spiele sind daher immer auch Lernerfahrungen. Bei guten Spielen ist das Ende offen: Siegen ist ebenso möglich wie Verlieren. Wird aber lediglich ein bestimmtes Verhalten mit Punkten belohnt, so kann man eigentlich nur gewinnen – der eine schneller, der andere langsamer. Eine Welt aus Punkten und Rangabzeichen gibt vor, dass es nichts anderes als den Aufstieg gibt. Aber was bedeutet Aufstieg, wenn es nicht die Gefahr des Abstiegs gibt? Und die Bedeutungslosigkeit eines solchen Punktesiegs wird noch dadurch vergrößert, dass der Aufstieg erfolgt durch das bloße Ansammeln von Punkten für Aktivitäten, die man ohnehin erledigt hätte, und nicht, weil der Spieler belohnt wird für Resultate, die er durch seine besonderen Fähigkeiten herbeigeführt hat oder weil er richtige Entscheidungen in schwierigen Situationen getroffen hat. Damit haben Anwendungen, die mit simplen Spielmechanismen wie Punkten oder Ranglisten versehen wurden, weniger mit bedeutungsvollen, bereichernden Spielerfahrungen gemeinsam als mehr mit einer Skinner-Box, in der die Maus schnell lernt, dass Betätigen des Hebels Futter in die Box fallen lässt: Man wünscht sich eine bestimmte Aktion seiner Nutzer, schafft entsprechende Spielmechanismen und verteilt für die Ausführung dieser Aktion Punkte. Für eine bestimmte Anzahl von Punkten erhalten die Nutzer Extra-Belohnungen wie etwa Rangabzeichen, Aufstieg in den nächsten Level etc. – kurz: Wenn du dies tust, bekommst du das. Aber wenn Spiele nicht mehr zu bieten haben als eine Skinner-Box, würden wirklich Abertausende von Menschen tagtäglich spielen?

Ist so genanntes Gamification, wie wir es heute erleben, also wirklich Gamification im wahrsten Sinne? Oder werden nicht vielmehr Spiele mit Punktesystemen, so ausgeklügelt sie auch sein mögen, verwechselt? Ist Gamification der falsche Begriff für die richtige Idee? Wird es heute schlichtweg falsch ausgeführt, sodass das Potenzial nicht zur vollen Entfaltung kommt? Um ein gutes Spiel zu schaffen, bedarf es einiges an harter Arbeit: eine gute Idee, einen spielbaren Prototyp, Testen, Testen und wieder Testen. Aus einem Spiel wird noch lange kein gutes Spiel, wenn man einen Bestandteil von Spielen – in den meisten Fällen Punkte – nimmt und diesen einer Anwendung mehr oder weniger beliebig hinzufügt. Vielmehr liegt der Reiz von Spielen in dem Kitzel, bestimmte Herausforderungen zu meistern, und dem Erfolgserlebnis, es geschafft zu haben. Die richtige Balance zwischen Herausforderung und Erfolg, zwischen Freude und Frust zu schaffen, das ist der Knackpunkt guter Spiele. Punkte tragen dazu in den meisten Fällen recht wenig bei.

Wer lässt sich schon gerne kaufen?

Nicht zu unterschätzen sind auch die Nebeneffekte, welche sich aus der rein extrinsischen Belohnung durch Punkte, Abzeichen und dergleichen ergeben. Denn der Zusammenhang zwischen Belohnungen und der Produktivität von Menschen ist keineswegs so eindeutig, wie man intuitiv meinen könnte: Wenn es um kreative Aufgabenstellungen geht, kann die extrinsische Motivation durch Belohnung exakt das Gegenteil vom Gewollten bewirken und die Ausführung der Aufgaben sogar beeinträchtigen. Äußere Belohnungen können intrinsische Motivation sogar zerstören, wie schon 1973 experimentell nachgewiesen wurde (vgl. Lepper et al. 1973): In dem Versuch wurden Kindergartenkinder ausgewählt, die besonders gerne malen. Einem Teil der Kinder wurde für das Malen ein Preis in Aussicht gestellt, einige Kinder bekamen einen solchen unerwartet verliehen. Kurze Zeit später wurden die Kinder verdeckt beim Spielen beobachtet und es stellte sich heraus, dass jene Kinder, die zuvor in Erwartung eines Preises gemalt hatten, nun weniger Zeit mit Malen verbrachten als die anderen Kinder. Dies deutet darauf hin, dass die zuvor geweckte extrinsische Motivation die intrinsische Motivation zurückgedrängt hat. Und daraus ergibt sich eine Lehre für das Design von Gamification-Anwendungen: Menschen folgen den Verlockungen äußerer Reize nicht immer so bereitwillig, wie man annehmen könnte. Oft mag der Grund darin liegen, dass Belohnungen mit dem Verlust persönlicher Freiheit, Abhängigkeit und Kontrolle gleichgesetzt werden: »Ich lasse mich nicht kaufen!« Gamification muss daher danach trachten, die intrinsische Motivation der Anwender zu unterstützen. Zweifellos können auch Punkte und sonstige Belohnungen dazu dienen – Selbstzweck sollten sie jedoch nicht sein. Ausschließlich auf Belohnungen zu setzen, wie dies heute noch allzu häufig bei »spielifizierten« Anwendungen der Fall ist, wird kaum jemals die innere Motivation und die Befriedigung der ureigenen Ziele der Nutzer treffen – exakt dies ist jedoch das erklärte Ziel von Gamification.

Ist Gamification also nur ein neues Schlagwort, erfunden von findigen Marketingleuten, um den angestaubten Loyalitätsprogrammen zu neuen Höhenflügen zu verhelfen? Sind *Foursquare*-Abzeichen die Treuemarken des 21. Jahrhunderts? Ist Gamification in Wahrheit nicht mehr als »Pointsification«? Gelingt es den Gamification-Anwendern nicht, zu einem kreativeren Umgang mit Spielmechanismen und -dynamiken zu finden, dann steht eben dies zu befürchten. Gelingt es aber, den Nutzer bei seiner inneren Motivation zu packen, dann wird Gamification mehr als ein bloßes Buzzword sein; es wird viele verschiedene Bereiche unseres Lebens gehörig auf den Kopf stellen.

Literatur

Amabile, Teresa M. (1998): How to Kill Creativity. In: Harvard Business Review, 76. Jg., Nr. 5, S. 76-87.

Ariely, Dan/Gneezy, Uri/Loewenstein, George/Mazar, Nina (2009): Large Stakes and Big Mistakes. In: The Review of Economic Studies, 76. Jg., Heft 2, S. 451-469.

Baranowski, Tom/Baranowski, Janice/Thompson, Debbe/Buday, Richard/Jago, Russ/ Griffith, Melissa Juliano/Islam, Noemi/Nquyen, Nqa/Watson, Kathleen B. (2011): Video Game Play, Child Diet, and Physical Activity Behavior Change: A Randomized Clinical Trial. In: American Journal of Preventive Medicine, 40. Jg., Heft 1, S. 33-38.

Brian, Matt (2011): Angry Birds gamers spend 200 million minutes playing each day. URL: http://thenextweb.com/apps/2011/02/16/angry-birds-gamers-spend-200-million-minutes-playing-each-day/. Stand: 08.03.2012.

Caillois, Roger (1960): Die Spiele und die Menschen. Maske und Rausch. Stuttgart.

Carse, James P. (1986): Finite and Infinite Games. A Vision of Life as Play and Possibility. New York.

Cialdini, Robert B. (1993): Influence. The Psychology of Persuasion. New York.

Csikszentmihalyi, Mihaly (1975): Beyond Boredom and Anxiety: Experiencing Flow in Work and Play. San Francisco.

De Benetti, Tommaso (2011): The secrets of Digitalkoot: Lessons learned crowdsourcing data entry to 50,000 people (for free). URL: http://blog.microtask.com/2011/06/the-secrets-of-digitalkoot-lessons-learned-crowdsourcing-data-entry-to-50000-people-for-free/. Stand: 08.03.2012.

Fogg, B. J. (2009): A Behavior Model for Persuasive Design. In: Proceedings of the 4th International Conference on Persuasive Technology. New York, S. 1-7.

Gartner (2011): Gartner Says By 2015, More Than 50 Percent of Organizations That Manage Innovation Processes Will Gamify Those Processes. URL: http://www.gartner.com/it/page.jsp?id=1629214. Stand: 05.03.2012.

Hawkins, Robert (2010): EVOKE Reflections: Results from the World Bank's on-line educational game (part 1). URL: http://blogs.worldbank.org/edutech/evoke-reflections-results-from-the-world-banks-on-line-educational-game-part-1. Stand: 25.05.2011.

Howe, Jeff (2006): The Rise of Crowdsourcing. In: Wired, Heft 14.06. URL: http://www.wired.com/wired/archive/14.06/crowds.html. Stand: 05.03.2012.

Huizinga, Johan (1956): Homo Ludens. Vom Ursprung der Kultur im Spiel. Reinbek.

Kato, Pamela M./Cole, Steve W./Bradlyn, Andrew S./Pollock, Brad H. (2008): A Video Game Improves Behavioral Outcomes in Adolescents and Young Adults With Cancer: A Randomized Trial. In: Pediatrics, 122. Jg., Nr. 2, S. e305–e317.

Koster, Raph (2005): A Theory of Fun for Game Design. Scottsdale.

Lazzaro, Nicole (2004): Why We Play Games: Four Keys to More Emotion Without Story. URL: http://www.xeodesign.com/xeodesign_whyweplaygames.pdf. Stand: 05.03.2011.

Lepper, Mark R./Greene, David/Nisbett, Richard E. (1973): Undermining children's intrinsic interest with extrinsic reward: A test of the »overjustification« hypothesis. In: Journal of Personality and Social Psychology, 28. Jg., Nr. 1, S. 129–137.

Levy, Pierre (1997): Die kollektive Intelligenz. Für eine Anthropologie des Cyberspace. Mannheim.

Malone, Thomas W. (1982): Heuristics for Designing Enjoyable User Interfaces: Lessons from Computer Games. In: Proceedings of the 1982 Conference on Human Factors in Computing Systems. New York, S. 63-68.

Matyas, Sebastian/Matyas, Christian/Schlieder, Christoph/Kiefer, Peter/Mitarai, Hiroko/Kamata, Maiko (2008): Designing Location-based Mobile Games with a Purpose – Collecting Geospatial Data with CityExplorer. In: Proceedings of the 2008 International Conference on Advances in Computer Entertainment Technology. New York, S. 244-247.

McGonigal, Jane (2011): Reality Is Broken: Why Games Make Us Better and How They Can Change the World. New York.

McGregor, Georgia Leigh (2008): Terra Ludus, Terra Paidia, Terra Prefab: Spatialization of play in Videogames & Virtual Worlds. In: Proceedings of the 5th Australasian Conference on Interactive Entertainment. New York.

McLuhan, Marshall (1968): War and Peace in the Global Village. New York.

Nisbett, Richard E. (2003): The Geography of Thought. How Asians and Westerners Think Differently… and Why. New York.

Nussbaum, Martha C. (2006): Frontiers of Justice: Disability, Nationality, Species Membership. Cambridge, MA.

Oldenburg, Ray (1989): The Great Good Place: Cafes, Coffee Shops, Community Centers, Beauty Parlors, General Stores, Bars, Hangouts, and How They Get You Through the Day. New York.

Pine II, B. Joseph/Gilmore, James H. (1999): The Experience Economy. Work Is Theatre and Every Business a Stage. Boston.

Pink, Daniel H. (2009): Drive: The Surprising Truth About What Motivates Us. New York.

Prensky, Marc (2001): Digital Game-Based Learning. New York.

Putnam, Robert D. (2000): Bowling Alone. The Collapse and Revival of American Community. New York.

Reeves, Byron/Read, J. Leighton (2009): Total Engagement: Using Games and Virtual Worlds to Change the Way People Work and Businesses Compete. Boston.

Reeves, Byron/Malone, Thomas W./O'Driscoll, Tony (2008): Leadership's Online Labs. In: Harvard Business Review, 86. Jg., Heft 5, S. 58-66.

Ressler, Cali/Thompson, Jody (2008): Why Work Sucks and How to Fix It: No Schedules, No Meetings, No Joke – the Simple Change That Can Make Your Job Terrific. New York.

Robertson, Margaret (2010): Can't play, won't play. URL: http://www.hideandseek.net/2010/10/06/cant-play-wont-play/. Stand: 05.03.2012.

Rötzer, Florian (2007): Das Leben als Spiel. Konturen einer ludischen Gesellschaft. In: Pias, Claus/Holtorf, Christian (Hg.): ESCAPE! Computerspiele als Kulturtechnik. Köln, S. 171-190.

Salen, Katie/Zimmerman, Eric (2004): Rules of Play. Game Design Fundamentals. Cambridge, MA.

Schell, Jesse (2010): When games invade real life. DICE Summit 2010. URL: http://www.ted.com/talks/jesse_schell_when_games_invade_real_life.html. Stand: 05.03.2012.

Schulze, Gerhard (2005): Die Erlebnisgesellschaft. Kultursoziologie der Gegenwart. Frankfurt am Main.

Seligman, Martin E. P. (2002): Authentic Happiness. Using the New Positive Psychology to Realize Your Potential for Lasting Fulfillment. New York.

Shirky, Clay (2010): Cognitive Surplus: Creativity and Generosity in a Connected Age. New York.

Shneiderman, Ben (2004): Designing for Fun: How Can We Design User Interfaces to Be More Fun? In: interactions, 11. Jg., Nr. 5, S. 48-50.

Siorpaes, Katharina/Hepp, Martin (2008): Games with a Purpose for the Semantic Web. In: IEEE Intelligent Systems, 23. Jg., Nr. 3, S. 50-60.

Steinkuehler, Constance/Williams, Dmitri (2006): Where Everybody Knows Your (Screen) Name: Online Games as »Third Places«. In: Journal of Computer-Mediated Communication, 11. Jg., Nr. 4, S. 885-909.

Suits, Bernard (1978): The Grasshopper: Games, Life and Utopia. Toronto.

Surowiecki, James (2004): The Wisdom of Crowds. Why the Many Are Smarter than the Few and How Collective Wisdom Shapes Business, Economies, Societies, and Nations. New York.

TNS/Gamesindustry.com (2009): National Gamers Survey 2009.

Tuite, Kathleen/Snavely, Noah/Hsiao, Dun-Yu/Smith, Adam M./Popovi, Zoran (2010): Reconstructing the World in 3D: Bringing Games With a Purpose Outdoors. In: Proceedings of the Fifth International Conference on the Foundations of Digital Games. New York, S. 232-239.

von Ahn, Luis (2006): Games with a Purpose. In: IEEE Computer, 39. Jg., Nr. 6, S. 96-98.

von Ahn, Luis/Blum, Manuel/Langford, John (2003): CAPTCHA: Using Hard AI Problems For Security. In: Proceedings of Eurocrypt, S. 294-311.

von Ahn, Luis/Dabbish, Laura (2004): Labeling Images with a Computer Game. In: Proceedings of the 2004 Conference on Human Factors in Computing Systems. New York, S. 319-326.

von Ahn, Luis/Ginosar, Shiry/Kedia, Mihir/ Blum, Manuel (2007): Improving Image Search with PHETCH. In: Proceedings of the IEEE International Conference on Acoustics, Speech, and Signal Processing. New York, S. IV-1209–IV-1212.

von Ahn, Luis/ Kedia, Mihir/ Blum, Manuel (2006): Verbosity: A Game for Collecting Common-Sense Facts. In: Proceedings of the 2006 Conference on Human Factors in Computing Systems. New York, S. 75-78.

von Ahn, Luis/Liu, Ruoran/Blum, Manuel (2006): Peekaboom: A Game for Locating Objects in Images. In: Proceedings of the 2006 Conference on Human Factors in Computing Systems. New York, S. 55-64.

von Ahn, Luis/Maurer, Benjamin/McMillen, Colin/Abraham, David/Blum, Manuel (2008): reCAPTCHA: Human-Based Character Recognition via Web Security Measures. In: Science, 321. Jg., S. 1465-1468.

Yee, Nick (2006a): Motivations for Play in Online Games. In: CyberPsychology and Behavior, 9. Jg., Nr. 6, S. 772-775.

Yee, Nick (2006b): The Labor of Fun. How Video Games Blur the Boundaries of Work and Play. In: Games and Culture, 1. Jg., Nr. 1, S. 68-71.